L'Éternité reçue

Ouvrage publié sous la direction de Benoît Chantre

Éditions Desclée de Brouwer
10, rue Mercœur - 75011 Paris
9, espace Méditerranée - 66000 Perpignan

www.editionsddb.fr

ISBN : 9782-2-220-8807-5
EAN Epub : 9782220093680

Martin Steffens

L'Éternité reçue

DESCLÉE DE BROUWER

Introduction

Dans son journal de vie, Etty Hillesum confie à plusieurs reprises son désir de recueillir, en quelques phrases, le sens ultime de l'expérience humaine[1]. Sans s'en rendre peut-être compte, au détour d'une page, elle y est parvenue. À la date du 3 juillet 1942, elle écrit :

> J'ai réglé mes comptes avec la vie, il ne peut plus rien m'arriver [...]. En disant : « J'ai réglé mes comptes avec la vie », je veux dire : l'éventualité de la mort est intégrée à ma vie ; regarder la mort en face et l'accepter comme partie intégrante de la vie, c'est élargir la vie. À l'inverse, sacrifier dès maintenant à la mort un morceau de cette vie, par peur de la mort et refus de l'accepter, c'est le meilleur moyen de ne garder qu'un pauvre petit bout de vie mutilée, méritant à peine le nom de vie. Cela semble un paradoxe : en excluant la mort de sa vie on se prive d'une vie complète et en l'y accueillant on élargit et on enrichit sa vie[2].

---

1. Etty Hillesum, *Une vie bouleversée, Journal*, Seuil, « Points », 1995, voir pp. 113, 130 et 229.
2. *Ibid.*, p. 146.

Au fond, il n'y aurait rien à dire de plus. Dans ses méditations sur la mort, François Cheng cite cette page[3], et avec elle un autre texte définitif, la prière de Rainer Maria Rilke dans *Le Livre de la pauvreté et de la mort* :

> Ô mon Dieu, donne à chacun sa propre mort,
> donne à chacun la mort née de sa propre vie
> où il connut l'amour et la misère.
> Car nous ne sommes que l'écorce, que la feuille,
> mais le fruit qui est au centre de tout
> c'est la grande mort que chacun porte en soi[4].

Notre livre ira de ce côté-ci.

Mais il voudrait y aller lentement.

La fulgurance d'une pensée telle qu'on la trouve dans un poème ou un journal intime a pour elle la puissance du coup porté : nous voilà mis en route, déplacés – ou simplement heureux que soit rassemblé en quelques mots ce que nous mûrissons depuis longtemps. Mais la forme brève risque de cacher la vie concrète. Elle tait le temps qu'il faut pour être arrivé là. Avant d'entrevoir l'éventualité d'intégrer la mort à sa vie, Etty Hillesum a beaucoup vécu. Cette intégration, si elle y a consenti, elle ne s'y est pas d'abord résignée. On sent dans son journal une adhésion, presque une *adhérence* à la vie. Cela vaut qu'on s'y attarde : en toute vie, la première à donner de la voix, c'est la vie justement. Or cette voix, par tout son

3. François Cheng, *Cinq méditations sur la mort. Autrement dit sur la vie*, Paris, Albin Michel, rééd. Le Livre de Poche, pp. 37-38.

4. Rainer Maria Rilke, *Le Livre de la pauvreté et de la mort*, traduction d'Arthur Adamov, Arles, Actes Sud, 1982, p. 20.

être, oppose à la mort une fin de non-recevoir : la vie se fiche bien d'intégrer la mort en elle. Il n'y a qu'à regarder les nourrissons. Ou bien, à l'autre bout, observer comme on résiste à la mort dans nos mouroirs.

On entend partout : « L'homme doit apprendre à mourir » ; « La mort fait partie de la vie » ; « La mort n'est qu'un passage », « Il n'y a ni peur ni mort[5] », etc. Ce n'est pas entièrement faux. Mais le résultat sans le processus qui y mène a quelque chose d'insupportable. Il peut même se retourner contre le processus, devenir en lui le pire obstacle. Personnellement, si un livre me propose de gommer la frontière entre la vie et la mort, s'il passe sous silence la guerre que la première mène contre la seconde, ou bien, pire, s'il prend parti pour la seconde, alors, le prenant à la lettre, je le rends au néant auquel il veut m'assigner. Plus simplement dit, je le mets à la poubelle.

L'invitation d'Etty Hillesum n'est pas absurde. Et l'on voudrait réussir à voir avec Rilke la mort comme un fruit que la vie porte en elle. L'une et l'autre ont finalement raison. Mais c'est « finalement », et non surtout d'abord. Un détour s'impose.

> Et volontiers nous aurions fait nôtre la réponse de Socrate à Euthymaque, son ami, qui lui indiquait le chemin le plus court pour aller à l'*agora*. « Alors, ô mon très cher ami, prenons l'autre, il est plus long[6]. »

---

5. Titre d'un livre de Thich Nhat Hanh, Éditions de la Table Ronde, Paris, 2003.

6. « Khâgne 1950 », *Le Débat*, vol. 3, n°. 3, 1980, p. 101 (on doit la paternité de ce texte, longtemps resté anonyme, à Pierre Nora).

Il ne faut pas avoir raison trop vite. La raison non seulement tempère les passions mais, quand elle ne peut avoir sur elles aucune prise, elle doit les *temporaliser* : elle ne doit pas comprendre sans s'y être patiemment usée. Or la mort est la « passion » par excellence, au sens de ce que l'on ne peut que subir. Si l'on ne veut pas se payer de mots à son sujet, il faudra avouer le temps qu'il faut et ne pas craindre de le prendre.

Nous laisserons donc d'abord retentir le cri de la vie en chacun : un cri souterrain (d'ordinaire, on ne l'entend pas, mais il se fait hurlement à l'approche du danger) et un cri souverain, comme l'oiseau du matin exulte à ma fenêtre, comme le bébé appelle jusqu'à ce qu'il soit nourri, comme ce qui tressaille dans l'étreinte amoureuse. La vie sait qu'elle n'a rien à voir avec la mort. *Vita index sui* : la vie, comme Spinoza le disait de la vérité, brille de sa propre lumière.

Partir de ce primat de la vie sur la mort, c'est refuser de réconcilier trop vite ce qui ne peut l'être sans grande précaution.

Car il faudra aller plus loin. La mort est pour la vie une chose impossible, certes, mais elle est. Nous n'avons d'autre choix que d'apprendre ce que nous pouvons en faire. C'est cet apprentissage dont nous voulons prendre ici le temps. Cela en vaut la peine : permettre à la vie de se dire jusqu'au bout, même et surtout en ces lieux où il lui faut parfois mourir, c'est finalement, on le verra, crever le plafond de la mort. C'est ouvrir, au cœur de nos existences, une perspective qui, pour être bien plus ancienne que nous, reste absolument neuve. Quelle perspective ? Celle, inouïe, que ce livre, par les seuls moyens de la philosophie, voudrait rendre moins inaudible : nous mourrons, et ce sera violent. Mais alors, nous ressusciterons.

Déjà, je presse le pas, quand je voudrais marcher à vos côtés et vous offrir de vivre ce que ce livre m'aura ouvert.

*

Un dernier mot : longeant la frontière du lieu d'où l'on ne revient pas, arpentant le territoire de cette mort impossible, il m'a fallu parfois aventurer les formules et les images capables d'exprimer, sans nier son caractère scandaleux, ce qu'il y a de vie au cœur de la mort. Il est des raisonnements qui, comme ces pentes en montagne qu'on gravit tête baissée, offrent tout à coup une perspective dont on ne pouvait soupçonner la clarté et la simplicité. Voici donc un livre dont le lecteur doit avoir à la fois la patience et l'audace. Contrairement au roman, dont on doit suivre la trame sous peine d'en perdre le fil, et contrairement à la démonstration mathématique, dont on ne peut négliger aucune étape, le texte philosophique tolère, et peut-être même exige, qu'on continue de le lire même quand on sent qu'il nous dépasse un peu. Question de patience et d'audace, deux attitudes qui ne vont pas sans l'aptitude qui les rend possibles : l'hospitalité. Il n'est pas une idée de ce livre qui n'ait en votre vie son écho : laissez-lui simplement le temps de vous le renvoyer.

Ainsi que l'écrivait Henri Bergson, à propos de l'idée à laquelle nous ne nous sommes pas encore faits :

[…] notre premier mouvement est de la dire incompréhensible. Mais acceptons-la provisoirement, promenons-nous avec elle dans les divers départements de notre connaissance : nous la verrons, elle obscure, dissiper les obscurités[7].

7. Henri Bergson, *La Pensée et le Mouvant*, 1938, PUF, « Quadrige », rééd. 2003, pp. 31-32.

I

Vivre d'abord

L'art mieux que la philosophie, et la chanson populaire mieux que le grand art, sont parvenus à donner de la mort sa définition la plus pleine et la plus précise. « La mort, dit la chanson[1], c'est comme une chose impossible. »

Sitôt esquissée (« *La mort, c'est…* »), la définition est esquivée, se fait simple comparaison (« … *comme…* ») puis, peinant à se déterminer (« … *une chose…* »), s'abdique finalement (« … *impossible* »).

On n'aura pas la mort dans des mots.

Pas plus dans des mots, d'ailleurs, que dans nos systèmes de pensée ou dans notre désir. La mort est l'impensable et l'indésirable, quelque histoire qu'on se raconte pour se persuader du contraire. On voudrait en effet apprivoiser la mort. C'est même là une des

1. *Marcia Baila* par Les Rita Mitsouko, titre de l'album *Rita Mitsouko* sorti en 1984 chez Virgin.

grandes affaires de la philosophie : ménager, entre la vie et la mort, une paisible continuité. On voudrait mourir comme Socrate, serein et réconcilié, vacciné contre la vie elle-même. Ou bien, grâce à un dispositif juridico-technique, on souhaiterait partir quand on l'a décidé, sur l'air musical que l'on se sera choisi, accompagné, s'il a pu se libérer, de son professeur de méditation. Ce que le Zarathoustra de Nietzsche croquait en une phrase : « Un peu de poison pour vivre agréablement. Beaucoup de poison pour mourir agréablement[2]. »

Voici le rêve de toute sagesse, l'ambition ultime de la maîtrise de l'homme sur lui-même : qu'entre la vie et la mort, il n'y ait plus ce douloureux divorce. Mais nous sommes vivants. *Vivants* : entendez le participe présent. C'est à la vie, à son présent, que nous participons. Jamais à la mort. Même celui qui est « à moitié mort » l'est tout entier du côté de la vie. Il est *en vie* : « en » son sein, « en » son déploiement, enveloppé par elle. Tant que nous sommes vivants, il ne nous est donné aucun point de vue assez extérieur à la vie pour nous autoriser à en relativiser la portée. Qu'on le veuille ou non, sous l'angle de la vie, la mort est impossible. Elle est bien quelque chose, mais *quelque chose d'impossible*.

Lucrèce dit : « La mort n'est rien pour nous et ne nous touche en rien[3]. » C'est encore une façon d'apprivoiser la mort, ici en la dédramatisant : notre mort n'est pas à craindre puisque, nous assure Lucrèce, nous serons en elle comme nous étions avant de naître – insensibles,

2. Première partie, « Prologue de Zarathoustra », § 5.
3. *De Natura rerum*, Livre III, v. 830.

inaccessibles aux malheurs du monde, intouchables. La mort n'est rien pour moi puisque je ne suis rien en elle. Ainsi, pour Lucrèce, si l'idée de notre propre disparition pénétrait en nous de notre vivant, alors nous serions sauvés de la peur de la mort !

Le problème est que nous serons aussi sauvés de la vie elle-même. Car pour dire « la mort n'est rien pour nous et ne nous touche en rien », il faut déjà être devenu suffisamment étranger au monde pour s'y croire seul. Il faut que, derrière soi, le jardin d'Épicure se soit fermé à double tour. Comment, en effet, penser que la mort ne me touche en rien, quand celle de ma voisine me touche plus sûrement que notre mur mitoyen ? La mort nous touche en arrachant ceux qu'on aime à la vie partagée. La mort est donc bel et bien quelque chose, même si l'on ne peut dire quoi. « Comme une chose impossible » : elle se saisit de nous qui ne pouvons la saisir. Nous n'aurons jamais de la mort que l'expérience de la vie : un corps embaumé, une cérémonie, des formules à la fois entendues et bienvenues (« Je suis désolé »), des bras qui s'ouvrent et se ferment chaleureusement sur la compagne que le mort laisse poursuivre seule le chemin qu'ils avaient commencé ensemble… Mais tout cela, c'est encore la vie, ce n'est déjà plus la mort, ou pas encore la nôtre. Nous percevons la mort dans ses effets, mais la mort comme telle nous échappe déjà. Nous voyons la vie, blessée, sans que le coup porté laisse voir autre chose que la blessure et le soin qu'on y porte.

À *reculons*

Croire qu'on pourrait penser la mort de bout en bout, lui prêter docilement nos mots, c'est se mentir. D'ailleurs, vouloir atteindre, à l'aide de mots et de grandes pensées, une sorte de paix face à la mort, c'est peut-être moins le fait de la sagesse que l'effet d'une colère. Car ce n'est jamais que retourner à la mort son compliment : puisque la mort arrache le vivant à ce qu'il est, sans s'enquérir du moment opportun, n'a-t-on pas le droit d'opposer à cette horrible indifférence la sienne propre ? On rend coup pour coup, on objecte à cette « indifférence faite puissance[4] » qu'est la mort, l'indifférence faite vertu qu'est la sagesse philosophique. *Faire de nécessité vertu*, comme le veut l'expression : l'homme a fait de son dégoût de la mort une indifférence vertueuse, que les Grecs nommèrent « ataraxie » – littéralement : « absence de troubles ». Celle-ci exige d'avoir atteint, avec les sages orientaux, un état de non-dualité entre soi et les choses, entre la vie et la mort. Mais c'est peut-être là moins apprivoiser la mort qu'être domestiqué par elle. Si la mort est une chose impossible, la rendre possible au sein de la vie, c'est déjà mourir, c'est mourir trop tôt – c'est, à la façon des « momies vivantes » érigées en sommets de sagesse par une certaine branche du zen japonais, devenir dès cette vie un mort-vivant. La vie, de toute son âme et de tout notre corps, dit non à la mort.

Aussi ne devrions-nous parler de la mort qu'à partir

---

4. Pour reprendre à Nietzsche une de ses expressions. Voir *Par-delà bien et mal*, § 9.

de son refus radical, c'est-à-dire, finalement, à partir de la vie elle-même. Sans quoi, jouant le mort qu'on n'est pas, devançant un appel pour lequel la vie n'a fait à l'homme aucune oreille, on se paie de mots. Dans la vie comme dans la pensée, on ne va à la mort qu'à reculons.

Alors allons-y : reculons ! Reculons devant toutes les sagesses qui voudraient nous tuer du temps de notre vie ! Refusons de ressembler à l'indifférence de la mort ! Marche arrière devant tout ce qui inocule à la vie les paroles doucereuses qui l'aident à mourir !

Telle sera notre première affirmation : c'est pour la vie que nous sommes faits. C'est sans doute un peu trop évident. Mais il faut d'abord passer par là pour aller éventuellement plus loin.

Dans le miroir de la mort

L'écrivain russe Léon Chestov rapporte, à propos du philosophe français Charles Renouvier :

> Renouvier est mort très vieux, presqu'à 90 ans. Et peu avant sa mort, il a dit [...] : « Je sais, en philosophe, que ces choses-là, la mort par exemple, devraient m'être indifférentes, que cela n'a aucune importance. Et cependant je donnerais tout au monde pour pouvoir encore descendre dans mon jardin [5]. »

5. Benjamin Fondane, *Rencontres avec Léon Chestov*, textes établis par Nathalie Baranoff et Michel Carassou, Paris, Non Lieu, 2016, p. 168.

En tant que philosophe, Renouvier aurait voulu verser la mort parmi « ces choses-là » : une chose parmi celles qui, à force de philosophie, sont censées nous devenir « indifférentes », sans importance. Il est sans doute un peu déçu : en tant qu'amant de la sagesse, parvenu à un âge qui fut si mûr, il aurait dû s'être fait à l'idée de mourir. Oui, se faire à l'idée… Seulement, mourir, est-ce une idée ? Et se fait-on jamais à ce qui s'emploie à me défaire ?

La mort est comme un miroir. Un miroir est fait d'une vitre de verre, transparente mais de telle sorte que, regardant à travers elle, nous sommes renvoyés à notre reflet[6]. Renouvier approche de cette mort qui aurait dû lui être transparente (« ces choses-là, la mort par exemple… » dit-il avec désinvolture), mais il n'aperçoit jamais à travers cette vitre que son visage tassé par les ans, forcé dans ses traits, et ces sourcils froncés sur deux petits yeux abîmés à force de scruter, dans des livres, la paix que la philosophie n'a pas su lui offrir.

La pensée de la mort n'en fait jamais le tour, elle nous renvoie inexorablement à la vie, comme le miroir à notre reflet. Renouvier entendait regarder la mort en face mais il n'aperçoit en elle que ses désirs de vivant, son tout petit désir, très simple et très vrai, d'aller, par quelques coups de bêche, éclaircir son potager. À propos du vieux Platon, Chestov note encore : « Platon lui-même avait écrit que la philosophie est un exercice de préparation à la mort et, au lieu de s'occuper de ce problème,

6. Sur cette image du miroir, voir Fabien Faul, « Dans le miroir de la mort », article à paraître dans *Études franciscaines* (janvier-février 2018).

il l'abandonne et s'occupe des *Lois*, de la *République*, etc.[7]. » On voudrait, dès la vie, se préparer à mourir. Mais voilà qu'aux bords de celle-ci, l'homme se met à chérir le dernier fil qui le tient à la vie et lui rappelle à quel point, quoi qu'en dise la philosophie, il tient à elle. Renouvier regrette ses carottes et ses courgettes. En un sens, Platon aussi.

Bouder la vie

La tentative des sagesses humaines pour apprivoiser la mort, ou bien se solde par un échec, dont le jardin de Renouvier ou le souci politique de Platon font l'aveu ; ou bien, et c'est pire, donne à la sagesse le goût de la mort :

> On a dit du Bouddha, et il l'a dit lui-même, qu'il a vaincu la mort. Or, comment procède la mort ? Elle commence par nous ôter la santé, suscite en nous du dégoût pour les choses, nous habitue à l'indifférence, etc. Et que fait le Bouddha ? Exactement la même chose. Il introduit la mort en nous, avant même que le temps ne soit venu. Il travaille pour le compte de la mort. Et voyez ! Il avait tellement de génie qu'il a persuadé les gens qu'il avait vaincu la mort, alors qu'il ne faisait que la servir.[8]

7. Benjamin Fondane, *Rencontres avec Léon Chestov*, *op. cit.*, p. 168.
8. *Ibid.*, p. 173.

Du bouddhiste au boudeur, il n'y aurait, selon Chestov, qu'un pas. Pendant longtemps protégé du spectacle du monde par sa haute condition sociale, Bouddha, quand il n'était encore qu'un jeune homme nommé Siddhartha, découvrit brutalement la souffrance des hommes. Cela l'attrista profondément. Il résolut de les en guérir. Mais guérir de la souffrance, était-ce cela qu'il fallait aux hommes ? Plus le mal est grand, plus le remède est fort. Quand le mal touche aux racines de la vie, le remède les atteint aussi. Ainsi, quand Bouddha associa la souffrance à la vie même, son remède vira au poison. Ce remède s'appelle «*nirvana*», horizon sous fond duquel toute vie se découvre comme une illusion et s'accepte comme telle. Selon Bouddha, si l'homme souffre, c'est par son attachement aux choses de ce monde. Aussi, tant que l'homme croira en la réalité de sa vie, tant qu'il lui offrira prise, ce qui touche sa vie, le touchera, et ce qui la meurtrit, le meurtrira. C'est donc ce lien qu'il s'agit de défaire : la vie, dit Bouddha, n'est qu'une ombre que la lumière de la vérité dissipe. Ce que la mort vient prendre n'est jamais qu'un courant d'air. Or qui peut blesser un courant d'air ? La vie, nul ne l'a, nul ne la perd. Elle est un jeu auquel apprendre à ne plus se prendre.

Ces paroles rassérènent… ou inquiètent. Elles sentent «la sagesse de camomille[9] », celle que les hommes

9. Pour reprendre à Romain Gary l'image qu'il utilise dans *La Promesse de l'aube* (Gallimard, Folio, 1960, p. 283) à propos de «ceux qui avaient refusé de suivre De Gaulle» : «Ils étaient trop installés dans leurs meubles, qu'ils appelaient la condition humaine. Ils avaient appris et ils enseignaient " la sagesse ", cette camomille empoisonnée que l'habitude de vivre verse peu à peu dans notre gosier, avec son goût doucereux d'humilité, de renoncement et d'acceptation.»

concoctent pour obtenir, dès cette vie, un sommeil, non pas réparateur, mais *préparateur* : un sommeil pour s'habituer à mourir et laisser pénétrer la mort au cœur de la vie. Or il devrait en être de la question de la mort comme du mal en philosophie morale : même si cela est insatisfaisant sur le plan théorique, la philosophie morale doit, à mon sens, s'en tenir à l'affirmation selon laquelle le mal est à la fois réel et parfaitement incompréhensible, injustifiable. On peut rapidement définir le mal comme le plaisir pris à la souffrance d'autrui et la perversion active de l'ordre des choses. Ainsi un tortionnaire se servira d'instruments destinés à soigner pour anéantir scrupuleusement sa victime. Le mal est, comme la mort, « une chose impossible » qui se refuse absolument à la pensée et à quoi il ne faudrait jamais se faire. Du mal, on ne devrait jamais dire qu'une chose : il est. Le mal, celui qu'on fait, celui qu'on nous fait, ne devrait jamais nous inspirer qu'une surprise douloureuse.

Car faire entrer le mal dans l'économie du bien, c'est le traiter bientôt comme ce qu'il n'est pas, à savoir : un bien. Sitôt que je situe le mal dans la perspective plus large d'un bien qu'on en peut tirer, je le justifie. Or faire passer le mal pour un bien, c'est là la plus grande perversion. C'est dans une certaine mesure ce que fit Hegel quand il vantait les bienfaits, certes relatifs, de la guerre, ou des passions en général, parce que guerres et passions s'inscrivent, sans que sur le moment on n'en sache rien, dans la perspective plus large du « progrès de la Raison dans l'Histoire ». Mais alors c'est le bien lui-même qui, dans sa dépendance vis-à-vis du mal, devient suspect.

Le système de Hegel, qui fit du massacre des hommes une étape nécessaire vers la paix universelle, parut odieux, dès lors que ces massacres se sont comptés en millions de morts et qu'on ne voyait plus très bien ce que l'humanité gagnait à travers eux. Aussi la philosophie doit-elle consentir à échouer devant le mystère du mal : nous n'avons pour lui que nos larmes, la révolte qu'elles nous inspirent et la source qu'elles indiquent (car souffririons-nous du mal si nous étions faits pour lui ?).

De même que justifier le mal, c'est contaminer le bien, de même tenter de comprendre la mort, cela ne se peut sans prendre le risque de contaminer la vie. Socrate, qui meurt réconcilié avec sa propre condamnation et, qui plus est, en faisant un peu d'esprit, traite la vie comme une maladie. Du moins si l'on suit ici l'intuition de Nietzsche :

> Est-ce l'imminence de la mort ou l'effet de la ciguë ? Est-ce la piété ou la méchanceté qui mit sur la langue de Socrate ce mot : « Oh ! Criton, je dois un coq à Esculape. » Ces « dernières paroles », grotesques et terribles, signifient, pour celui qui sait entendre : « Oh ! Criton, *la vie est une maladie !* » Comment donc est-ce possible ! Un homme qui, toute sa vie, tel un soldat parmi ses camarades, fut plein d'une gaieté communicative : cet homme était en fait un pessimiste ! Toute sa vie, il n'avait fait que bonne figure, cachant son jeu et gardant secret son dernier jugement sur la vie, son intime conviction.

> Socrate lui-même *a donc souffert de la vie !* Pire : il s'en est finalement vengé par ces paroles ironiques, dégoûtantes, à la fois pieuses et blasphématoires[10] !

Socrate avait demandé qu'on sacrifie un coq au dieu de la Médecine, sans doute pour le remercier de débarrasser l'âme du corps qui lui est attaché. Socrate entre si parfaitement dans sa mort qu'il peut se permettre d'y adjoindre une pointe d'ironie. Le voilà donc gnostique, surplombant la plèbe, cynique riant les vivants mortels. Mais, demande Nietzsche, a-t-on le droit de cracher ainsi dans la soupe ? Ironiser sur la vie, c'est moquer tous les vivants. C'est railler leur effort pour se lever le matin, pour surmonter leur part de pesanteur, pour inventer le jour. C'est oublier ce qu'il faut de bonnes volontés concordantes pour faire tourner le monde. C'est même très bêtement mépriser ce corps dont les organes, et les cellules de ces organes, à chaque instant, travaillent à ce qu'on ait jusqu'au luxe de les mépriser. Voici le blasphème contre la vie, nous dit Nietzsche, au nom d'une certaine piété philosophique. L'écrivain anglais G. K. Chesterton parlait lui aussi du refus de la vie en termes de profanation :

> Le voleur se contente de diamants, mais pas le suicidaire : c'est là son crime. Le voleur honore, sinon leur propriétaire, du moins les objets qu'il dérobe. Le suicidaire, quant à lui, offense tout ce qu'il y a sur terre en ne le volant pas. Il profane toutes les fleurs en refusant de

10. *Gai Savoir*, § 340, traduction personnelle.

> vivre pour elles. Il n'y a aucune créature dans l'univers pour qui sa mort ne soit comme un ricanement. Quand un homme se pend à un arbre, les feuilles devraient tomber de colère et les oiseaux s'envoler de fureur, car chacun d'eux a essuyé un affront personnel[11].

L'image est saisissante. Exprime-t-elle pour autant l'acte du suicidé, cet homme qui n'en peut plus, dont la vie lui a si parfaitement échappé qu'il ne parvient plus à se rapporter à elle que sur le mode d'une fuite radicale et définitive ? Comme le montre le contexte polémique de ce texte, le propos de Chesterton vise, non pas l'acte désespéré, mais les sagesses mâtinées de pessimisme qui invitent au doux renoncement à la vie. Ce sont elles qui manquent à la politesse la plus élémentaire, ce sont elles qui pèchent par ingratitude. Car de même qu'il faut des mots, déjà, pour dire que rien n'a de sens, et une langue assez riche pour se retourner contre elle-même (puisque l'énoncé « rien n'a de sens » a un sens...), de même le pessimisme des gens cultivés suppose une vie qui se possède assez pour s'ennuyer d'elle-même et se faire à elle-même des objections.

Le geste terrible du suicidaire, quant à lui, ne prouve rien et n'entend en général rien prouver. C'est un cri. Or tout cri vient de la vie. Tout cri lancé contre la vie est poussé à partir de la vie. Tout cri l'est d'un vivant, au participe présent, d'un être *en* vie, et nulle part ailleurs. Le suicide est le signal de détresse d'une vie qui se bat

11. G. K. Chesterton, *Orthodoxie*, traduction Lucien d'Azay, Paris, Climats, 2010, p. 116.

moins contre la vie comme telle que contre tout ce qui, justement, l'empêche d'être pleinement. Le suicidaire ne pose pas son geste à partir de la mort, contre la vie, mais à partir de la vie, contre ce qui, dans sa vie, lui interdit d'être vraiment vivant.

Ce que le suicide d'un homme met parfois en cause, ce sont donc ses conditions de vie, non point la vie. Pour reprendre une distinction que fait Jean Améry dans son *Traité sur le suicide* aussi intitulé *Porter la main sur soi*[12], il ne faut pas confondre, d'une part la liberté de faire une chose, d'autre part la libération de quelque chose. La liberté, dans sa forme idéale, exclut la contrainte : est libre celle ou celui qui s'autodétermine. La libération, au contraire, la suppose doublement : non seulement on se libère d'une contrainte, mais c'est en outre parce qu'elle nous est devenue insupportable. Ainsi l'homme qui met fin à ses jours ne le fait pas par *liberté*, comme on choisirait plutôt d'aller au cinéma, mais dans l'urgence d'une *libération*. Si, personnellement, j'ai connu des gens de mon âge qui, amoureux d'une vie pourtant empêtrée dans quelques maladies gardées plus ou moins secrètes, ont finalement attenté à leur vie, je n'en ai jamais connus qui l'aient fait pour affirmer librement une certaine manière de voir les choses.

Le suicide n'est donc pas un acte de liberté, posé à l'extérieur de la vie, comme s'il s'agissait simplement d'opter pour la mort ou la vie. Il est la réponse de la vie au besoin pressant d'être libérée d'une situation

12. Jean Améry, *Porter la main sur soi, Traité sur le suicide*, Arles, Actes Sud, 1999.

intolérable. Le suicidaire « porte la main sur soi » comme nous le ferions sur quelqu'un s'il devenait un obstacle au déploiement de notre vie. Mais par le concours terrible des circonstances, ou bien il est devenu lui-même cet obstacle (dans les cas, par exemple, de l'addiction, de la dépression ou de l'obsession), ou bien il ne peut plus s'y soustraire qu'en se laissant vaincre par lui. Aussi les suicidaires sont-ils rarement, s'ils le sont jamais, des discoureurs sur la valeur relative de la vie – mais bien plutôt des femmes et des hommes fatigués qui posent un instant, et cet instant les tue, de trop lourds bagages.

Ne pas se réconcilier

Ce que vise Chesterton dans ce texte, c'est bien plutôt le discours qui légitime le suicide. Cela même que Nietzsche nomme le blasphème contre la vie. « Blasphème », le mot est fort : la philosophie, dès lors qu'elle pense la mort autrement que comme un scandale, *profane la vie*. Elle force les tombeaux, non pas pour en faire sortir les morts, mais pour y faire entrer tous les vivants.

« Si tu veux que toute chose te soit soumise, soumets-toi en tout à la raison[13] » : ainsi s'exprime cette piété philosophique sous la plume de Sénèque. La raison nous dit en effet : puisque tu es mortel et si tu veux, à la façon de Socrate, garder tête haute en entrant dans la mort, alors résigne-toi à sa nécessité. Mais en avons-nous

13. Sénèque, *Lettres à Lucilius*, 4.

le droit ? « Souviens-toi que tu es mortel et que tu n'as pas le droit de mourir », semble au contraire nous dire Nietzsche. Cela peut paraître contradictoire, mais la vie préfère, à une logique unificatrice qui finit par verser la vie dans la mort, une vivante contradiction.

Car c'est elle, la contradiction, qui nous maintient dans la vie. Non seulement au sens où il faut affirmer l'opposition entre la vie et la mort. Mais aussi au sens où toute invitation à consentir à la mort se révèle finalement absurde. Pensons en effet à l'injonction, qu'on trouve chez Schopenhauer (ce « bouddhiste à l'occidentale », comme le nommait Nietzsche), de ne plus désirer. Tout désir, selon Schopenhauer, ouvre, au cœur de la froide nécessité, une histoire qui sera refermée sans qu'il lui soit donné d'autre point final qu'un dénouement absurde. Tout désir est source de souffrance. Telle serait donc pour Schopenhauer la voie : ne plus désirer ou, ce qui revient au même, ne vouloir que ce qui est. Schopenhauer avait forgé, pour exprimer l'idéal de toute sagesse, le mot *noluntas* (qu'on peut rendre en français par « nolonté »).

Ne plus désirer que ce qui est. Soit. Mais le désir lui-même est. Et non seulement il est, mais il est nécessaire : nous devons passer par lui, ne serait-ce que pour laisser toute sa place à la nécessité. On arrive ainsi à une contradiction, de celles qui sauvent la vie des griffes de la sagesse : désir de la nécessité, dit la sagesse, oui, mais nécessité du désir, répond la vie. S'il nous faut humblement nous résoudre à quoi que ce soit, ce ne sera donc pas à la nécessité de la mort, mais au fait que nous ne sommes pas faits pour nous résigner. À rien, et surtout pas à accepter le fait brutal de notre disparition. S'il faut nous réconcilier, c'est avec le fait que nous ne nous réconcilierons jamais avec la mort.

« *Noluit consolari* » : la Bible évoque cette femme, nommée Rachel qui, ayant perdu ses enfants, « ne voulait pas être consolée[14]. » Comme elle, nous ne voulons pas être réconciliés si le prix de cette réconciliation est la mort elle-même.

Rachel

Dans le *Livre de la sagesse tibétaine*, il y a aussi une Rachel. Errant dans la rue, elle traîne son enfant mort par la main, en mendiant l'attention de qui lui rendra la vie. Un passant, pris de pitié, lui indique la maison du Bouddha. « Rendra-t-il la vie à mon enfant ? – Je ne sais, mais il est dit de lui que c'est un sage, le seul qui ait connu l'Éveil. » Ayant trouvé le sage, la femme dépose fébrilement aux pieds de Bouddha son petit enfant puis s'incline longuement. Celui-là la regarde avec compassion. La compassion qui revient à celles et ceux qui ne savent pas et se prennent au jeu de la vie. Enfin, avec une voix très douce, il demande : « Ramène-moi une graine de moutarde provenant d'une maison où il n'y a jamais eu de morts. » Le visage

14. Voir Jr 31, 15 : « Ainsi parle l'Éternel : On entend des cris à Rama. Des lamentations et des larmes amères. C'est Rachel qui pleure ses enfants. Elle ne veut pas être consolée parce qu'ils sont morts. » Repris textuellement par Matthieu en 2, 18. Sur cette expression, voir Denis Moreau, *Deux cartésiens. La polémique Arnauld Malebranche*, Deuxième Partie, chapitre IV, Paris, Vrin, 1999, pp. 111-126.

de la femme s'éclaire : il ne suffit que de cela ! Elle sort en se précipitant, va de maison en maison, frappe à toutes les portes : « Mais oui, ma bonne dame, j'ai bien une graine de moutarde ! Il n'est pas besoin de vous peiner ainsi ! » Mais à la deuxième question, à savoir si cette maison a déjà connu le deuil, le visage de ses hôtes s'éteint. Ils ne peuvent rien faire pour elle. La femme frappe encore. Ses doigts saigneront avant qu'elle ne se résigne. Mais elle doit se résigner : chaque famille a ses morts. La mort est nécessaire. Elle doit se soumettre. La femme épuise son espérance, de portes en portes. Partie vaincre la mort, mais vaincue par elle, elle lâche peu à peu la prise de son enfant laissé aux pieds du Bouddha, là où la vie et la mort ne font qu'un, là où le silence de l'enfant qui dort se confond avec le silence de l'enfant mort. La femme ne voit bientôt plus ce regard désolé qui referme doucement la porte sur elle, mais uniquement le mur contre lequel est venu se briser son fol espoir.

Dans mon souvenir, l'histoire ne dit pas si elle est revenue vers Bouddha. Rachel, la Juive, l'aurait sans doute fait, et pour lui dire : « Rends-moi mon enfant mort, toi qui ne peux me promettre une heure de vie ! » Elle aurait peut-être craché sur ce visage impassible et fait taire cette douce voix qui fleure la camomille. Comme Marthe a admonesté Jésus, venu trop tard pour sauver son frère Lazare : « Si tu avais été là, cet ami que tu pleures à présent ne serait pas mort[15] ! » Marthe exigeait par ce reproche que Jésus fît quelque chose : elle

15. Jn 11, 21.

non plus ne voulait pas être consolée. En tout cas pas à la façon d'une femme qui finit par comprendre que son enfant défunt n'était qu'une illusion. Pas non plus à la façon de Boèce, ce martyr chrétien qui, en attendant son heure, au lieu de supplier que Dieu le délivre de la mort, confie son âme à la philosophie : ayant chassé les muses qui inspirent à Boèce de chanter et de pleurer, la philosophie lui apprend qu'il doit se résigner et lui enseigne la voie de la soumission à la nécessité[16].

Mais au désir de la nécessité, on peut, peut-être même doit-on, opposer la nécessité du désir. Tant que nous sommes vivants, nous ne nous résoudrons jamais à rien, et à rien moins qu'à la mort. Quitte à se résigner, c'est à cette seule vérité : nous sommes violemment faits pour la vie. L'enfant qui tète le sein de sa mère, agrippé à lui, sans égard pour la douleur qu'alors elle peut ressentir, a toute sa beauté. Et la mère contemple cette petite boule de vie, cette énergie toute pure. Quand il sera un garçon de 60 centimètres, arborant des muscles imaginaires, affirmant qu'il est le plus fort du monde et qu'il protège sa maman, il sera encore plus beau. Parce que la vie, dans sa puissance, est belle. Ainsi le couple qui, dans l'étreinte de sa nuit, s'applique « les tendresses qui ressemblent tant à la violence[17] », est indiscutablement beau. Le peuple qui s'arme pour ne pas mourir de s'être donné un État corrompu et

16. Boèce, *De Consolatione Philosophiae* (*La Consolation de Philosophie*, Paris, Le Livre de Poche, coll. « Lettres gothiques », 2008). Voir aussi : Léon Chestov, *Athènes et Jérusalem*, Paris, Le Bruit du Temps, 2011, pp. 365 à 366.

17. Reiner Schürmann, *Les Origines. Récit*, Toulouse, Presse Universitaire du Mirail, 2003, p. 137.

mortifère, le peuple prêt à en découdre a toute sa beauté. Nous sommes condamnés à la vie, condamnés à sa force. S'il faut se résigner à quoi que ce soit, c'est à cette *condamnation à vie.*

« Et après, après la mort ? » demande Maurice Bellet dans *La Traversée de l'en-bas.* « Tout ce que je puis, c'est d'entendre si intensément ce qui me donne vie, que le vertige du néant soit surmonté [...]. Aucun savoir de l'au-delà[18]. »

Aucun savoir, aucune saveur : sinon de la vie.

Ataraxie

Mais la voilà qui parle à nouveau, la sagesse de camomille : « Ton père est mort et tu pleures. Or quand ton voisin perdait son père, tu ne pleurais pas, car tu savais que l'homme, à la fin de son parcours sur la terre, doit mourir. Tout ce qui vit doit mourir, n'est-ce pas : c'est l'ordre des choses. »

Le raisonnement est parfait. Il se trouve dans le Manuel d'Épictète. Or, remarque encore Léon Chestov[19] avec cet art qu'il a de débusquer le nihilisme, s'il ne s'agissait pour Épictète que d'adhérer à un argument parce qu'il est logiquement parfait, il aurait très bien pu embrasser cet autre raisonnement, tout aussi rigoureux, mais parfaitement inverse : « Ton père est mort, et tu

18. Maurice Bellet, *La Traversée de l'en-bas*, Paris, Bayard, 2005, p. 137.

19. Léon Chestov, *Le Pouvoir des clefs*, Paris, Le Bruit du Temps, 2010, pp. 119-122.

le pleures. Car tu ne vois pas le rapport entre la mort et la vie. Être en vie, c'est être “ en ” elle et, tu as beau chercher, il n'est rien en elle qui soit la mort – sinon son obstiné refus. Même l'agonie est encore un effort de la vie contre ce qui la défait. Tes larmes disent que tu ne comprends pas. Or, quand ton voisin a perdu son père, tu n'as pas pleuré avec lui, car alors tu t'étais laissé dire – mais d'où te venait cette idée ? – qu'il était logique de mourir. Que ne vas-tu le voir pour lui demander pardon et joindre tes larmes à celles qu'il a versées ? »

Si les deux raisonnements sont logiquement valides, qu'est-ce qui, demande Chestov, incline Épictète à préférer le premier au second ? Réponse : c'est son désir d'ataraxie. C'est son envie d'être déjà mort.

Qu'est-ce que l'ataraxie ? Elle ne doit pas être confondue avec la patience, dont la vertu est si belle. Plus exactement, l'ataraxie est le singe de la patience. C'en est le « vice caché ». La patience souffre du mal et souffre le mal : elle ne nie pas le mal dont elle pâtit. Elle n'ignore pas l'enfer où l'âme se tient sans y désespérer. L'ataraxie, au contraire, qu'elle soit stoïcienne, sceptique ou épicurienne, met l'homme au-dessus de sa souffrance. Or, demande Nietzsche, « quel sens y a-t-il à embrasser une statue quand on est soi-même devenu insensible au froid ? Qu'importe qu'une statue embrasse une statue[20] ? ». En ce sens, l'ataraxie est à la patience ce que l'indifférence est à la tolérance : c'est-à-dire moins l'accueil de l'autre malgré ce qu'il nous en coûte, que son absorption satisfaite, sa tranquille négation. Tolérer

---

20. Nietzsche, *La volonté de puissance*, I, §74, Paris, Gallimard, 1995, p.32.

au sens fort et vrai, ce devrait être le contraire de l'indifférence : savoir qu'on ne s'entend pas, qu'on ne se ressemble pas, mais maintenir ouverte la blessure que fait en nous ce différend, afin que par elle passe tout de même quelque chose de toi. La tolérance, c'est, comme une plaie, laisser la question ouverte. L'indifférence, au contraire, c'est, pour ne pas avoir à te rencontrer, faire comme si notre différence ne comptait pour rien.

Le chant d'Orphée

Là où la patience tolère, c'est-à-dire supporte (*tolle* en latin), l'ataraxie se fait indifférente. « Ne point rire, disait Spinoza, ne point pleurer, ne point détester, mais comprendre. » Or, face à la mort, nous ne pouvons justement faire que cela : rire, chanter, pleurer, détester, mais non pas surtout comprendre puis devenir indifférent. C'est ce sourire creusé qu'on se tend les uns aux autres après un enterrement. C'est ce fou rire inattendu auquel on se laisse prendre, sans comprendre. C'est le kaddish des Juifs, les *voceri* corses, le requiem chrétien. C'est en Nouvelle-Orléans le jazz funéraire et le défilé à travers la ville. C'est, à l'absurdité de la mort, opposer la gratuité de la vie – et à son étroitesse, la largesse des liens qui nous unissent.

On demandait à un prêtre s'il pouvait faire un enterrement joyeux. Non pas joyeux, dit-il, mais beau : cela, oui, il le pouvait[21]. La beauté a en effet ce mystérieux

21. Cf. Samuel Wells & Marcia A. Owen, *Living without Enemies, Being*

pouvoir de nous faire habiter l'inhabitable, d'exprimer la contradiction sans nier ce qu'elle a d'insoluble. Un chant mortuaire est beau, quoique ce qu'il abrite sous des mots et des sons harmonieux reste une chose impossible. Dans la beauté, qui dure le temps de sa grâce, on souffre encore, mais on ne souffre plus de souffrir : on est réconcilié sans qu'il y ait eu de conciliations. On se repose un instant dans l'inconsolable, on consent à la blessure sans feindre qu'elle soit par là guérie. C'est le mieux qu'on puisse espérer d'un enterrement.

C'est en réalité déjà beaucoup :

> La vie est un travail qu'il faut faire debout. Assis, couché, à genoux, rien de cela n'est bon. Ces pensées me venaient comme je suivais un enterrement de village. Des nuages lourds voilaient le soleil d'instant en instant ; après la route qui serpente à mi-côte, ce fut le chemin pavé et l'escalier de pierre, et la paix d'une vieille église toute blanche, avec des ogives simples et parfaites. Dans ces formes justes, dans le chant liturgique, dans les replis de la cérémonie, on percevait la mesure et la décence convenables à des vivants qui se savent mortels.[22]

Alain, le radical-socialiste, athée, voit dans la sobre beauté de l'enterrement, non pas un luxe dont on aurait à se passer en grandissant, mais une nécessité : « Il

---

Present in the Midst of Violence, Downers Grove, IVP Books, 2011, pp. 16-17.

22. Alain, *Propos d'un Normand*, in *Philosophie, textes choisis*, t. II, Paris, PUF, 1973, p. 217-218.

fallait cette marche réglée, ces chants, ces formes, ces témoignages, cette politesse étudiée, pour discipliner le désespoir. » Car, demande-t-il,

> Jusqu'où tomberaient les malheureux si tous leurs semblables s'enfuyaient en se bouchant les yeux et les oreilles ? Ou pis encore, si tous leurs semblables, réveillant leur propre désespoir, se jetaient dans des lamentations désordonnées ? Mais, tout au contraire, l'humanité se range comme pour dire : « Nous savons ce que c'est. »

Alain insiste, comme si on pouvait lui reprocher de s'attacher aux formes communes par lesquelles on « habille les douleurs comme il faut » :

> Parbleu, si l'on voulait, qui donc dans cette foule n'a pas mille bonnes raisons de se précipiter et de mordre la terre ? Qui donc, comme ces mercenaires, n'auraient pas de blessures à montrer ? Mais comme il y a des vêtements pour cacher l'animal, ainsi la cérémonie habille les douleurs comme il faut. La religion est vraie en tout le reste, et menteuse seulement en ce qu'elle dit. Car s'il y avait un Dieu au ciel, comment ne pas crier de terreur ou de colère ?

S'il y avait un Dieu au ciel, comment ne pas crier de terreur ou de colère ?... À moins que crier soit déjà prier. À moins que le chant parvienne, dans sa beauté, à abriter non seulement la tristesse, mais la colère aussi. Car alors le chant ne sert plus seulement à « discipliner le désespoir », il en capte l'étrange puissance. Quelle puissance ? Pleurer, et chanter malgré tout, c'est refuser la nécessité, quand bien même ce serait celle de la mort : c'est savoir, sans savoir précisément ce que l'on sait alors, que l'espérance est plus qu'un espoir conservé « tant qu'il y a de la vie », qu'elle est un profond désespoir dont on sent pourtant qu'il est possible de le traverser. Chanter, c'est consentir sans se résigner : c'est dire oui à ce terrible amour qui me lie à toi et me tire plus de larmes que j'en croyais avoir – et c'est, ce faisant, dire non à l'affreuse mort. En l'instant où le chant s'arrache à notre sanglot et avant que la voix soit à nouveau coupée, nous savons que la mort ne serait rien pour nous sans l'amour qui nous lie. Nous savons que nous ne pleurons que parce que nous avons d'abord aimé. La mort se trouve alors relativisée par l'amour. Quand le chant prend sur lui quelque chose de la primauté de l'amour sur la mort, il se fait cri de *resurgissement* : la veuve lève les yeux et mêle sa voix à l'au-revoir. Il se fait cri d'*insurrection* : non, le silence de la mort n'a pas étouffé notre souffle. Resurgissement et insurrection mêlés semblent vouloir dire : *résurrection*.

> On nous a dit : la vérité est une limite qu'il est impossible de dépasser… Dans l'Antiquité on était persuadé que l'entrée du royaume des ombres était interdite aux vivants. Mais la douleur infinie d'Orphée et son chant admirable vainquirent l'invincible Hadès et conduisirent Orphée auprès d'Eurydice. Lorsque Orphée se mit à chanter, dit le poète qui rapporte le mythe antique, tout s'immobilisa dans les Enfers. Tantale cessa de poursuivre l'eau qui lui échappait, la roue d'Ixion s'arrêta, les

> Danaïdes oublièrent leurs tonneaux sans fond et Sisyphe lui-même s'assit sur sa pierre. Grâce à son grand amour et à son inspiration, Orphée réussit à vaincre les lois de l'Enfer. [...] il s'imaginait qu'il était le plus malheureux des hommes, que lui seul était malheureux, et qu'en général, il n'existait rien d'autre au monde que son Eurydice et son amour. Il se trompait évidemment : Anaximandre l'aurait vu clairement, et Aristote aurait pu le démontrer avec une évidence qui n'aurait rien laissé à désirer. Mais les dieux en décidèrent tout autrement. De par leur volonté suprême, [...] ils transformèrent son erreur en vérité, en une grande vérité qui n'existait pas avant, qui n'existait nulle part, ni dans le ciel, ni sur la terre, qui aurait pu ne jamais naître. Les vérités ont aussi un commencement[23].

On connaît la suite de l'histoire : n'entendant plus le pas de son aimée, Orphée se retourna et la perdit définitivement. Comme Loth perdit sa femme, transformée en statue de sel de s'être retournée sur cette ville morte qu'elle, son mari et leurs enfants quittaient[24]. C'est que la sagesse ne croit pas au pouvoir de la vie sur la mort, mais seulement à celui de la mort sur la vie. Elle pense que la vie a des comptes à rendre à la mort, jamais elle ne suppose le contraire. Aussi regarde-t-elle en arrière, pour vérifier. Regarder en arrière, c'est refuser de faire confiance : c'est ne pas croire en la puissance de la vie. C'est s'arrêter à la mort, parce que la mort est ce qui a toujours été. La

23. Léon Chestov, *Le Pouvoir des clefs*, *op. cit.*, p. 190-191.

24. Gn 19, 26 ; cf. Lc. 17, 32-33.

femme de Loth comme Orphée n'ont pas l'audace de quitter la mort dont ils ont été miraculeusement tirés. Orphée a pourtant su que la vie chante, et prie, et pleure et crie parce qu'elle n'est pas faite pour mourir, jamais. Orphée avait bien vu que l'amour était capable de briser la porte des Enfers : pourquoi alors s'est-il retourné ? La mort nous tient, dira-t-on, mais peut-être tenons-nous à elle. Peut-être avons-nous envie de boire cette camomille empoisonnée qu'est la sagesse et de laisser à la mort le dernier mot.

Tentative d'ataraxie

Évoquant la mort parfaite, sans bave ni bavure, de Caton, qui préféra mourir par ses propres mains que de perdre une liberté que son activité politique avait mise en péril, Sénèque fait une distinction aussi sombre qu'éclairante : Caton ne rendit pas son souffle, dit-il, il le rejeta. Il ne le rendit pas : ç'aurait été être passif. Il le rejeta, de son initiative propre.

Mêlé comme Caton aux tourments politiques de Rome, et comme lui stoïcien, Sénèque entreprit d'imiter son illustre prédécesseur et alla au-devant de la condamnation que Néron formulait à son encontre. La description que fait Tacite du suicide de Sénèque frôle le comique. Sans doute Tacite n'aimait-il pas beaucoup Sénèque. Mais ce qu'on lit dans sa description est plus profond qu'une inimitié personnelle : c'est la difficulté, sinon l'impossibilité, pour un vivant, de rejeter le souffle qui l'anime. Tout, pourtant, avait commencé de la plus belle manière :

> Ses amis pleuraient. Lui, par un langage tour à tour consolateur et sévère, les rappelle à la fermeté, leur demandant « ce qu'étaient devenus les préceptes de la sagesse [...] ». Après ces exhortations, qui s'adressaient à tous également, il embrasse sa femme, et, s'attendrissant un peu en ces tristes instants, il la prie, il la conjure « de modérer sa douleur ; de ne pas nourrir des regrets éternels ; de chercher plutôt, dans la contemplation d'une vie toute consacrée à la vertu, de nobles consolations à la perte d'un époux[25]. »

L'homme sage donne à celle qui veillera sur son souvenir cette série de recommandations comme on assortit la liste des courses de quelques consignes plus précises. On s'attend alors à ce qu'elles soient ses derniers mots, de ceux qu'on pourra consigner et méditer à loisir. Mais, l'héroïsme appelant l'héroïsme, sa femme, Pauline, veut venir avec lui.

> Sénèque ne voulut pas s'opposer à sa gloire : « Tu préfères l'honneur de la mort ; je ne t'envierai pas le mérite d'un tel exemple. Ce courageux trépas, nous le subirons l'un et l'autre d'une constance égale ; mais plus d'admiration consacrera ta fin. »

Vient alors leur commune mise à mort. Je me souviens de la réponse que ma mère avait faite à une inquiétude que j'avais, petit et terrassé par une méchante grippe, de

25. Les citations qui suivent sont extraites du Livre XV, §§ 62-64, traduit par J.-L. Burnouf, Paris, L. Hachette & Cie, 1859, pp. 368-370.

ne pas m'en sortir : « Oh, tu sais, à la fois on meurt d'un rien, même quand on est vigoureux et bien accroché à la vie, à la fois on ne meurt pas si facilement, quand bien même on le désirerait ! » Ce qu'illustre la suite du propos :

> Le même fer leur ouvre les veines des bras. Sénèque, dont le corps affaibli par les années et par l'abstinence laissait trop lentement échapper le sang, se fait aussi couper les veines des jambes et des jarrets. Bientôt, dompté par d'affreuses douleurs, il craignit que ses souffrances n'abattissent le courage de sa femme, et que lui-même, en voyant les tourments qu'elle endurait, ne se laissât aller à quelque faiblesse ; il la pria de passer dans une chambre voisine.

Sa femme en réchappe finalement, Néron craignant de passer pour cruel à cause de cette double mort. Pauline, en acceptant la grâce de Néron, aurait-elle finalement cédé aux charmes de la vie ? Tacite ne se prononce pas.

> Quant à Sénèque, comme le sang coulait péniblement et que la mort était lente à venir, il pria Statius Annaeus, qu'il avait reconnu par une longue expérience pour un ami sûr et un habile médecin, de lui apporter le poison dont il s'était pourvu depuis longtemps, le même qu'on emploie dans Athènes contre ceux qu'un jugement public a condamnés à mourir. Sénèque prit en vain ce breuvage : ses membres déjà froids et ses vaisseaux rétrécis se refusaient à l'activité du poison. Enfin il entra dans un bain chaud, etc.

On peut espérer que les centres de suicides assisté offrent de meilleurs services, garantis contre les désagréments techniques. Bien qu'on m'ait un jour conté l'histoire de cet homme qui, au lieu d'aller comme tous les samedis à la pêche avec son petit-fils, avait décidé ce jour-là de mourir tant qu'il était encore en forme. Cela advint parfaitement, à ceci près qu'au lieu du titre de Pink Floyd requis pour l'aider à passer de l'autre côté, il entendit, sans avoir assez d'aplomb ni suffisamment de force pour contester, un vieil air traditionnel antillais tout à fait entêtant qu'avait commandé l'amateur des îles caraïbes parti deux heures avant lui. L'homme, qui n'était certes pas raciste, en fut toutefois contrarié.

Le courage de fuir la mort

À la noblesse de Sénèque, il faut opposer celle des hommes qui ont choisi de ne pas mourir, alors même que, rabaissés plus bas que terre dans les camps de la mort, survivre était devenu synonyme d'abjection. Car survivre dans l'abjection, c'est peut-être un courage plus grand que de mourir avec courage. Robert Antelme, survivant de Buchenwald et de Dachau, décrit, dans *L'Espèce humaine*, le changement du regard qui peu à peu s'opère quand on arrive dans le camp : le noble dégoût causé par le spectacle honteux qu'offrent des hommes viscéralement attachés à leur propre survie, cède peu à peu la place à de l'admiration. Les nouveaux arrivants considéraient d'abord le peuple du camp comme des demi-êtres humains, sortes de zombies qui avaient renoncé, pour rester en vie, aux dignités les plus élémentaires. « Nous ne sommes pas de ceux-là », protestait le sens humain de l'honneur. L'homme est un pont, disait Nietzsche, entre l'animal et le surhomme. Or ce pont semblait avoir ici été parcouru en sens inverse. L'homme est un point : le point d'honneur qu'il mit de tout temps à n'être pas une bête – à se tenir droit, à se laver, à regarder le SS dans les yeux et, quand même il serait nu, à se vêtir toujours de sa dignité d'homme. Le voilà, n'est-ce pas, le résistant, le vrai, celui que ces nouveaux arrivants projetaient d'être !

Puis leur regard change. Et l'idée d'homme devient, non pas moins exigeante, mais moins idéale et moins abstraite. Bientôt, c'est celui qui ne se jette pas sur les épluchures qui sera regardé comme un lâche : en abandonnant la vie, il offre à l'ennemi la victoire. Dans un système qui n'a d'autre but que de vous anéantir, s'abaisser à quémander son rab apparaît peu à peu comme un acte de résistance :

> Celui qui méprise le copain qui mange des épluchures que l'on jette dans le coffre de la cantine, le méprise parce que ce copain « ne se respecte plus ». [...] Beaucoup ont mangé des épluchures. Ils n'étaient certes pas conscients, le plus souvent, de la *grandeur* qu'il est possible de trouver à cet acte. Ils étaient plutôt sensibles à la déchéance qu'il consacrait.[26]

---

26. Cité dans l'article saisissant de Jean-Michel Chaumont, « Le corps du concentrationnaire : la honte et le regard » (p. 298) dont nos analyses de l'œuvre de Robert Antelme seront inspirées (in *Le Corps*, sous la direction de Jean-Christophe Goddard et Monique Labrune, Paris, Vrin, coll. « Intégrale », 1992, pp. 290-309).

« La déchéance qu'il consacrait… » Le déchet est cet être dont l'existence est à elle seule une contradiction. Le déchet est chose déchue mais qui persiste en sa déchéance : qui, devant être détruite, persévère encore dans son être. Zygmunt Bauman montrait, dans *Vies perdues*, que le déchet est la véritable invention de la modernité[27] : car d'une part la liberté, l'autonomie et la sacralité de la personne furent pensées et énoncées de manière décisive au XIIIe siècle, et non à l'ère moderne ; d'autre part l'homme des campagnes ne laissait derrière lui aucune trace de son passage sur la terre. Ses épluchures retournaient à la terre pour la nourrir quand nos morceaux de plastique forment aujourd'hui des îles et des bidonvilles. Créer du déchet, c'est-à-dire des êtres, objets ou hommes, qui persistent en leur déchéance : c'est, selon Bauman, l'affaire de la modernité. L'homme des camps eut à relever le défi de cette condition inédite. En restant en vie malgré tout, les hommes de Dachau obtinrent de Robert Antelme une définition qu'on trouve moins dans l'idéalisme des Lumières que dans les égouts du XXe siècle : « L'homme n'est rien d'autre qu'une résistance absolue, inentamable, à l'anéantissement. »

S'accrocher ainsi à la vie, c'est avoir l'humilité de son animalité, c'est avoir l'humanité paradoxale de son animalité. C'est même, pour Robert Antelme, un acte de bénédiction : quand le chrétien, dit-il, « se comporte comme si de s'acharner à vivre était une tâche sainte, c'est que la créature n'a jamais été aussi près de se consi-

27. Zygmunt Bauman, *Vies perdues, La modernité et ses exclus*, Paris, Payot & Rivages, coll. « Rivages Poches/ Petite bibliothèque », 2009.

dérer elle-même comme une valeur sacrée[28] ».

Le plus humain en l'homme, ce n'est pas sa percée vers l'Homme idéal, mais ce consentement à l'animal en lui. Le plus spirituel, c'est de se savoir bête plus sûrement qu'ange. De même que ce qui est le plus divin en Dieu, pour un chrétien, c'est son abaissement au rang de simple créature, c'est d'avoir connu la peur et l'amour, les pleurs et l'abandon et, pendant sa Passion, d'avoir prêté sa bouche boursouflée à l'éponge de vinaigre, de même le plus humain en l'homme, c'est d'avoir assez de liberté pour reconnaître comme on est viscéralement lié à ses besoins, attaché à la vie.

Par ce changement de perspective, qui fait droit à l'humanité de l'homme abaissé, c'est finalement la chair replète du kapo qui paraît moins humaine. Elle ressemble au mensonge dont on habille, pour le cacher, l'attachement viscéral et humain, violemment charnel et subtilement spirituel, de l'homme à la vie :

> Ses mains étaient roses, ses cheveux bruns partagés par une raie nette, luisaient [...]. J'avais l'impression que je me trouvais à côté d'un homme vierge, d'une sorte de bambin géant. Cette peau rose était répugnante[29]...

Répugnante comme l'est tout mensonge :

> Un soupçon pèse toujours ici sur l'homme qui est encore fort. Sans doute, chacun, s'il avait eu la chance

28. *Ibid.* p. 299.
29. *Ibid.*

qu'il a eue, pourrait être aussi gros que lui. Mais ici, au milieu des autres, *on ne peut pas ne pas avoir honte de ses cuisses, de ses bras, de ses joues quand ils sont pleins.*[30]

Carte postale des tranchées

Or il existe une manière toute philosophique de se faire une chair bien pleine, une chair si pleine qu'elle ignore, en le recouvrant de ses multiples couches, l'amour pur, sec et dur de la vie qui réside au fond de chaque humain : c'est celle qui consiste à situer la mort dans une totalité rationnelle qui la justifie. La mort serait, dans cette perspective, ce qu'on ne doit juger qu'à partir d'une totalité qui lui donne un sens. La mort individuelle sera par exemple ce dont l'espèce a besoin pour évoluer ; ou bien l'aiguillon dont le Progrès historique se sert pour contraindre l'homme à offrir le meilleur, etc. Jugeant la partie par le Tout, la philosophie trouvera que la mort n'est mauvaise que pour celui qui la subit, et du point de vue qui est le sien. Forte de cette idée de totalité, à l'aune de laquelle toute mort individuelle est relativisée, la philosophie enveloppe la mort d'un linge si large qu'il n'est plus possible d'éprouver son scandale et de lui opposer un refus obstiné.

Tel est en effet, selon Franz Rosenzweig, le mensonge proprement philosophique : vue du Tout, la mort n'existe pas. Ce mensonge, Franz Rosenzweig, grande figure de

30. *Ibid.*, p. 300. Il s'agit ici d'un extrait de l'article de Robert Antelme intitulé « Pauvre-Prolétaire-Déporté » paru dans *Jeunesse de l'Église* en 1948.

la pensée juive du XXe siècle, le dénoncera, non comme Robert Antelme à partir des camps de concentration qu'il n'a point connus, mais du fond des tranchées de la Première Guerre où il faillit laisser sa vie. Où il laissa, en tout cas, sa mort – au sens de cette mort acceptée, résignée, rendue évidente par la philosophie. C'est en effet là qu'il écrira, d'une écriture contorsionnée, assez petite pour tenir sur des cartes postales (les soldats pouvaient, contrairement aux lettres, en envoyer un nombre illimité), son chef-d'œuvre : *L'Étoile de la Rédemption.* C'est dans les tranchées, alors même qu'il penchait, avant la guerre, du côté de l'hégélianisme, que se dévoila à lui l'horreur de tout discours qui vise, dit-il, à « engloutir » l'individu dans la perspective de la totalité, comme il faillit être lui-même englouti dans la terre soulevée par les obus.

« Il est bien évident, écrit Rosenzweig, qu'un Tout ne saurait mourir et que dans le Tout rien ne mourrait. Seul l'individuel peut mourir[31]... » Aussi, pour être quitte de la mort, suffirait-il de rappeler que le particulier a moins de réalité que le général. Relativisée par le Tout, on ôte à la perspective individuelle son contour et sa consistance propre. Or cela, la pensée de Hegel le faisait deux fois. D'abord, sur le plan théorique, Hegel ôta à la finitude son caractère scandaleux : la limite contre laquelle l'individu inexorablement se cogne, cette impossibilité qui est la sienne d'être à soi seul quoi que ce soit d'achevé, a ceci de bon, selon Hegel, qu'elle jette chacun dans une lutte

31. Franz Rosenzweig, *L'Étoile de la Rédemption*, traduit de l'allemand par Alexandre Derczanski et Jean-Louis Schlegel, Première Partie, Introduction, Paris, Seuil, 1982, p. 12.

pour la reconnaissance qui se révèle être le moteur du progrès dans l'Histoire. La finitude de l'individu et la guerre pour la reconnaissance qu'elle implique est nécessaire à l'infinitisation de la Raison à travers le processus historique. Guerres, passions, douleurs et morts sont les gémissements dans lesquels la Création enfante sans cesse quelque chose qui la dépasse et dont elle ne sera consciente qu'après coup. Le travail du philosophe est, la nuit venue, d'exhumer le sens caché du désordre manifeste. Au terme de ce travail, le scandale de nos finitudes, morale, physique ou spirituelle, s'atténue, voire se disperse.

Sur le plan pratique, ensuite, Hegel montrera que la guerre, et plus précisément la guerre moderne qui oppose des puissances munies d'armes à feu, constitue l'occasion pour chaque individu de dépasser activement sa propre finitude : d'assister, de son vivant même, à sa propre relativisation dans et par l'Histoire, c'est-à-dire dans et par une totalité sensée qui le dépasse. En sacrifiant sa vie pour la nation qui l'a vu naître et l'a nourri, l'individu joint la théorie hégélienne à la pratique : non seulement il prend conscience que l'individu particulier n'a de sens que par rapport au Tout dont il fait partie, mais il donne sa chair, et même sa vie entière, à cette pensée. Mieux que la catastrophe naturelle, par laquelle l'être fini s'éprouve en effet dans la vulnérabilité de sa finitude, la guerre est ce moment dans lequel, écrit Hegel, « la vanité des biens et des choses temporelles, qui, d'habitude, n'est qu'un thème de rhétorique artificielle » devient une réalité concrète et tangible[32]. Le combat à distance, que rend possible l'utilisation des armes à feu, accomplit la parfaite négation de l'individu par lui-même dans la participation à une totalité qui le dépasse en lui donnant un plus haut degré de réalité : car, grâce à l'arme à feu, le sacrifice de l'individu n'est pas « dirigé contre d'autres individus mais contre une totalité hostile, si bien que le courage personnel apparaît comme impersonnel. [...] L'invention de l'arme à feu a changé l'aspect purement personnel du courage en un aspect plus abstrait[33]. »

Franz Rosenzweig a beau tourner et retourner l'argument dans sa tête coiffée d'un simple casque où s'abat le conflit mondial, la perspective de sa propre suffocation au gaz moutarde ou de son engloutissement dans le sol d'une terre étrangère lui demeure inacceptable. Comme on dit, « il ne voit pas le rapport » : il ne voit pas le rapport entre les éclats d'obus ou les corps démembrés et la totalisation opérée, ou espérée par le système hégélien. Peut-être, pense-t-il alors, est-ce parce qu'il n'y a pas de rapport : pas de rapport entre le Tout et ma mort, entre la totalité et l'individu que je suis. Peut-être est-ce que l'individu, par sa mort, éprouve qu'il est moins la partie d'un Tout qu'un trou dans ce Tout : quelque chose que le Tout ne comprend pas, quelque chose qui ne doit pas se laisser engloutir dans la perspective du Tout, quelque chose qui, par son existence

32. G. W. F. Hegel, *Principes de la philosophie du droit*, traduit de l'allemand par André Kaan, Paris, Gallimard, coll. « Tel », 1940, § 324, p. 354.

33. *Ibid.*, § 328, Remarque, p. 358.

même, combat l'insecte philosophique « tissant autour de la terre la brume bleue de son idée du Tout[34] » afin de nous anesthésier et de nous dévorer.

Est inassignable au Tout : toi, moi. Lui. Tout homme qui porte nom et prénom[35]. Est insoluble dans le Tout celui que Kierkegaard appelait « l'Individu ».

L'Histoire, comme déploiement de la Raison dans le devenir, comme totalisation progressive du sens, ne recouvre donc pas exactement le réel, parce que le réel, c'est aussi l'Individuel. Ce n'est pas que lui : évidemment, nous participons à une vie, historique et commune, qui nous dépasse. Mais si nous sommes certes *par* notre histoire, comme nous sommes *par* notre communauté (on ne se pose pas tout seul dans l'être, dans la vie, dans la culture), nous ne sommes pas *pour* elles : ma vie, ta vie, sa vie ont leur valeur propre. Et ceci, nous dit Rosenzweig, nous est d'abord rendu sensible par le caractère scandaleux de notre mort : par son impossibilité. Car la mort de l'individu, tout en étant quelque chose de réel, est aussi quelque chose d'insensé, c'est-à-dire qui résiste absolument à sa dissolution dans une logique supérieure. Rosenzweig comprenait tout cela alors qu'il tentait de survivre à cette guerre absurde. Aussi lança-t-il, à coups de cartes postales, ses petits assauts répétés contre l'édifice hégélien.

---

34. Franz Rosenzweig, *L'Étoile de la Rédemption*, *op. cit.*, p. 12.
35. *Ibid.*, p. 16.

Le mensonge du Tout

Voici l'alternative où la philosophie voudrait nous enfermer : puisque le contraire du Tout, c'est le Néant, *ou bien* la mort a sa place dans le Tout, et alors elle est quelque chose du Tout, c'est-à-dire, considérée pour elle-même, un néant (un événement qui n'a pas d'importance) ; *ou bien* la mort n'est pas comprise dans le Tout et, n'étant rien *du* Tout, elle relève du Néant, elle n'est rien du tout. Autrement dit : *ou bien* elle s'inscrit dans le Tout et donc elle n'est rien de décisif ; *ou bien* elle ne s'inscrit pas dans le Tout et donc elle n'est rien. Dans le premier cas, elle a son sens au-delà d'elle-même et s'avère, en elle-même, illusoire ; dans le second cas, elle n'existe tout simplement pas. Mais la mort, insiste Rosenzweig, est justement, *dans* le Tout, ce qui *n'est pas lui*. Elle est, à l'intérieur de la totalité, ce que la totalité ne comprend pas. Dans la toile que tisse la Raison autour du monde, ma mort est comme un trou – c'est-à-dire un affront à toute prétention totalisante :

> Si la philosophie ne voulait pas se boucher les oreilles devant le cri de l'humanité angoissée, elle serait tenue de prendre son point de départ – et de partir en conscience – de ce fait : le néant de la mort est un « quelque chose » [...] qu'il est impossible de passer sous silence ni de faire taire[36].

36. *Ibid.*, p. 13.

Ainsi, à cause de la mort, « le Néant n'est pas rien, il devient quelque chose[37] ». Même si, de cette chose, il n'est rien à dire d'autre, comme nous le disions pour le mal, qu'*elle est* : elle est, sans qu'il soit possible de l'assigner à aucun sens supérieur. *Comme une chose impossible* : « La mort n'est pas un néant, mais un quelque chose [...] d'impossible à exclure[38]. »

N'ayant pas sa place dans le Tout, la mort donne à chacun d'être plus qu'une partie du Tout. Elle donne à chacun une place absolument unique, insubstituable : puisque ce n'est jamais une partie du Tout qui meurt, mais toi, lui, moi, alors toute mort est unique. La mort, c'est ce qui, malgré ses multiples occurrences, n'arrive jamais qu'une seule fois : une seule fois à moi, et je ne peux donc m'y préparer, m'y exercer, m'y entraîner ; une seule fois à toi, car te perdre n'est pas comme perdre quelqu'un d'autre et je ne pourrai donc jamais m'y faire. La mort révèle le caractère insubstituable de la personne. À la lettre, chaque mort est inconsolable.

N'en déplaise donc à Boèce, il n'y a pas à proprement parler de « consolation philosophique ». Consoler, c'est redonner un sol : tout le contraire de noyer le poisson dans l'océan du Tout. C'est prendre dans ses bras celui qui pleure, et non point laisser sa plainte se perdre dans la perspective sans mesure du devenir universel. La consolation philosophique ressemblerait à une caresse mécanique. Comme celle des amis de Job lorsqu'ils tentent de le convaincre que la perte de ses enfants et

37. *Ibid.*
38. *Ibid.*

de sa santé doit bien avoir un sens, la compassion de la philosophie est la pire des cruautés :

> La philosophie aimerait bien engloutir la mort dans la nuit du néant, mais elle n'a pu lui arracher son dard venimeux, et l'angoisse de l'homme qui tremble devant la piqûre de ce dard sanctionne de tout temps le mensonge compatissant que sont les mensonges cruels de la philosophie. [...] La réalité de la mort impossible à bannir du monde, qui s'annonce dans le cri impossible à étouffer de ses victimes, c'est elle qui fait de la pensée fondamentale de la philosophie, [c'est-à-dire] la pensée de la connaissance une et universelle du Tout, un mensonge avant même qu'elle soit pensée[39].

Mais si la mort de l'individu n'a pas sa place dans un Tout qui la dépasse, alors c'est ce Tout qui, tout à coup, semble sortir de ses gonds. La mort est un trou dans le Tout, un trou qui sauve celui-ci d'une stérile clôture sur soi : « Il ne faut pas que l'homme rejette loin de soi l'angoisse du terrestre ; il doit subsister [...] dans l'angoisse de la mort[40]. » Autrement dit : il faut savoir la mort, mais toujours comme un scandale, à partir de la vie. Cet inconfort (car on voudrait, pour unifier notre vie, ou bien exclure la mort, ou bien inclure en elle la vie) rend possible ce que j'appellerais un sain dualisme. Tout monisme (et d'abord celui qui dissoudrait la vie dans la mort en dissolvant la mort individuelle

39. *Ibid.*, pp. 13 et 14.
40. *Ibid.*, p. 12.

dans le Tout) est, pour reprendre un mot judicieux de Nicolás Gomez Dávila : « attitude qui viole la moitié de l'expérience[41]. » Car qu'on le veuille ou non, notre expérience du monde est duale, et irréconciliable : entre le bien et le mal, l'homme et la femme, le Tout et la partie, la vie et la mort, la plénitude et le vide… Tant que nous ne confondons pas les termes de ces irréductibles dualités, tant que nous consentons à ce perpétuel duel, nous sommes vivants. Si au contraire nous noyons la mort dans la vie du Tout, nous nous condamnons au suicide :

> […] l'homme n'a aucune envie de s'évader de quelque lien que ce soit : il veut subsister, il veut… vivre. La philosophie qui lui vante la mort comme […] l'occasion grandiose d'échapper à l'étroitesse de la vie a seulement l'air de se moquer de l'homme. Car l'homme sent fort bien qu'il est condamné à mort, mais non pas au suicide[42].

La mort : une nécessité contingente

Résorber le scandale de la mort individuelle dans le Tout, c'est chercher à montrer la nécessité de ce qui est en réalité contingent : la mort est en effet une chose dont on ne voit pas la nécessité, chose absurde et violente entre

41. Nicolás Gomez Dávila, *Carnets d'un vaincu, Scolies pour un texte implicite*, traduit de l'espagnol par Alexandra Templier, Paris, L'Arche, 2008, p. 125.
42. F. Rosenzweig, *ibid.* pp. 11-12.

toutes… Mais, nous dit la philosophie, puisqu'elle fait partie de la vie, ou de l'Histoire, bref du Tout, elle serait finalement nécessaire[43]. Or il faut tenir la contradiction : la mort est tout à la fois nécessaire et contingente. Elle est une nécessité (tous nous devons mourir) qui, en tant que telle, demeure absolument contingente, au sens de ce qui aurait pu ne pas être. Car certes, nous devons tous mourir. Mais, comme on le dit parfois, « nous n'en voyons pas la nécessité ». Nous devons mourir, mais ne le pouvons pas. C'est le mot de La Rochefoucauld : « Les hommes savent qu'ils vont mourir, mais ils n'y croient pas. » Ils le savent : nécessité. Mais ils n'y croient pas car, quand on y réfléchit, cette nécessité n'a rien de contraignant, ni pour notre raison, ni pour notre désir. Œdipe sait que l'oracle s'accomplira nécessairement, mais ne peut pas s'y soumettre, tant cet oracle est absurde. Il en est de même pour la mort. La mort est en ce sens un destin, si l'on entend par destin ce que sans doute il signifiait pour les Grecs : une nécessité arbitraire et, par suite, contingente, exactement comme l'oracle auquel les parents d'Œdipe, déjà, avaient cherché à échapper.

À cette « nécessité contingente », on peut opposer, comme le fait la philosophie, la nécessité de la contingence : ce que tu croyais absurde ne l'est pas…

43. Même Bergson offre prise à cette tentation de démontrer la nécessité de la mort : « Dans le monde organisé, la mort des individus n'apparaît pas du tout comme une diminution de la "vie en général", ou comme une nécessité que celle-ci subirait à regret. Comme on l'a remarqué plus d'une fois, la vie n'a jamais fait effort pour prolonger indéfiniment l'existence de l'individu, alors que sur tant d'autres points elle a fait tant d'efforts heureux. Tout se passe *comme si* cette mort avait été voulue ou tout au moins acceptée, pour le plus grand progrès de la vie en général » (*L'Évolution créatrice*, Paris, PUF, 1992, p. 248).

Ou bien on ose un autre renversement, plus audacieux parce que plus proche de la vie : à la mort comme nécessité contingente, arbitraire, donc révoltante, on oppose la contingence de toute nécessité. On clame que cet absurde qui passe pour inexorable ne sera peut-être pas toujours.

Cette seconde voie ouvre deux chemins : ou bien on sera tragique avec Nietzsche ; ou bien on sera mystique, avec Chestov par exemple. Tragique avec Nietzsche : le héros tragique ne se résout pas à la nécessité qui pourtant, quoi qu'il fasse, et même à cause de ce qu'il fera pour y échapper (c'est là ce qu'on nomme « le tour du destin ») le rattrapera. Œdipe roue de coups le devin Tirésias, figure de ce destin aveugle qu'il entendait fuir. Œdipe ne veut pas se soumettre. Il entend, jusqu'au bout, lutter de toutes ses forces contre la nécessité et faire plier ce qui ne peut l'être. C'est là la beauté désespérée de son geste : il ne brisera pas le mur de pierre de la nécessité, mais au moins il s'y sera cogné.

Ou bien alors on sera mystique avec Chestov : c'est Chestov qui mettait Orphée à l'honneur quand, à force de pleurer Eurydice, il forçait les portes des Enfers. Frappez, dit le Christ, et on vous ouvrira[44]. Croyez en l'Impossible, et il vous sera fait selon votre foi[45].

Affirmer, *envers et contre le Tout*, la possibilité du miracle, ce fut là toute l'affaire des penseurs qui n'ont pas trouvé dans la cathédrale spéculative hégélienne de quoi abriter leur questionnement. Cette audacieuse

44. Voir Mt 7, 7-10 ; 21, 22 ; Mc 11, 24.
45. Mt 8, 13 ; 9, 29.

relativisation de la nécessité, ils ne l'appelèrent pas tous « miracle », mais parfois seulement « événement ». Chaque fois, que ce soit le saut chez Kierkegaard, l'idée d'*Ereignis* chez Heidegger, la naissance chez Hannah Arendt, l'Autre pour Levinas, ou précisément le miracle chez Rosenzweig, il s'agissait de penser qu'il y a quelque chose dans le Tout qui lui échappe, un inattendu auquel prêter l'oreille sans savoir d'où il viendra et sans pouvoir le déduire de ce qui a déjà été. « Pour croire en la possibilité du miracle, écrivait Nicolás Gomez Dávila, il suffit d'observer le caractère contingent de la “ nécessité ”[46]. » « Observer » dit Nicolás Gomez Dávila, comme on observe un secret, ou un commandement : soigner l'étonnement, apprendre à faire droit à la surprise. N'avez-vous pas remarqué ? La réalité dédit si souvent l'image qu'on s'en était faite. La nouveauté est soudain plus réelle que le réel qui l'interdisait. Savait-on qu'on parviendrait à resurgir hors des rets de telle ou telle impossibilité (vieille rancune, chagrin d'amour, répétition du scénario familial, dépendances...) avant de l'avoir fait ? Certes, une fois la chose derrière soi, on peut la tenir pour acquise : mais devait-elle nécessairement arriver ? Il n'est pas mauvais alors de revenir sur l'inattendu qui apporte la vie ou que la vie apporte, de se tourner vers lui, non point à la façon d'Orphée, mais pour se souvenir que l'impossible d'hier n'est plus celui d'aujourd'hui et mesurer ainsi ce que peut la vie contre la mort.

Qui sait, en effet ? Et puisqu'on ne peut jamais être sûr, Orphée n'a-t-il pas raison d'être fou et de tenter le

46. *Carnet d'un vaincu*, *op. cit.*, p. 109.

tout contre le Tout ? Nous sommes si peu faits pour la mort : qu'on se brise finalement et tragiquement contre elle comme Œdipe, ou bien qu'on ouvre, en son sein, la perspective d'un événement improbable en confessant jusqu'au bout la possibilité du miracle, au fond peu importe, tant qu'on refuse d'abord de se rendre à la mort en la faisant passer pour logiquement nécessaire.

Tuer l'ego

Mais au lieu de ça, on entend aujourd'hui un peu partout qu'il faut tuer l'ego. Moi qui aime la vie, je ne veux rien tuer du tout, surtout pas mon ego, et je tuerai mon ennemi bien avant mon ego. Je préfère l'homme qui se prend à la vie, ayant soin d'être assez fort pour protéger les siens ; je préfère l'homme qui s'accroche trop longtemps à la vie, comme cet ami que le cancer avait pris sous son bras et qui se débattra jusqu'à l'épuisement ; je préfère, de manière générale, l'affirmation têtue de la vie à l'abolition de la dualité entre moi et le monde. Ainsi, le cri de la chanteuse Janis Joplin, à faire plier la taule froide de Port Arthur, plate-forme pétrochimique du Texas où elle a vu le jour, m'atteint plus que le silence de la pierre dont le moine bouddhiste s'inspire.

Bien sûr, si l'on entend par ego ce « moi » dont Pascal disait qu'il est haïssable, parce qu'il se fait le centre de tout, sans doute faut-il l'ouvrir à plus que lui-même, le blesser vers le monde et vers les autres – mais cela suppose déjà de le garder en vie. Par contre, si l'on entend par ego ce qui résiste à la non-dualité, si l'on dénonce en lui cette obstination à dire « Je suis », ce refus viscéral d'une dissolution prochaine dans le Grand Impermanent ; si enfin on vise à travers lui ce qui oppose un être, toi, moi, lui, aux autres êtres, alors j'y tiens ! On ne peut certes entrer en relation avec l'autre qu'à la faveur d'une ouverture. Mais on ne peut être ouvert qu'à condition d'être un quelque chose qui s'ouvre.

Alors changeons de nom, puisque celui d'ego déplaît. J'aime le nom « eccéité », créé au XIIIe siècle par Duns Scot, tentant par là de rendre un des apports majeurs de la pensée chrétienne : tandis que l'univers grec voyait l'individualité d'un mauvais œil, étant plus parfait d'être l'Homme plutôt que cet être homme-ci particulier, dont les particularités représentent autant d'écarts avec l'Idée idéale de son humanité, pour un chrétien, au contraire, Dieu ayant créé chaque homme à part, c'est à propos de la vie de chaque être singulier qu'il fut dit : « Cela est très bon. » Aussi le mot « eccéité » est-il une merveille : chacun est un « me voici ! » unique, souverain et – si à la conscience de son unicité se mêle surprise et gratitude – joyeux. Chacun, s'il le veut, trouvera en soi assez de bonheur pour ne pas envier celui des autres. Et chacun inciterait ainsi l'autre à lui donner son « me voici ! ».

Pourquoi, dès lors, tendre à la non-dualité, au dépassement de l'ego, etc. ?

Mon Bayreuth à moi

La beauté de l'eccéité, la joie d'avoir été donné à soi-même, voilà ce qu'un jour je tentais d'expliquer alors que, par le hasard des invitations, je me suis retrouvé dans un colloque où il fut beaucoup question de vaincre son ego. L'un des intervenants s'était proposé, au lieu de parler, et parce que parler relève encore du « mental », de nous offrir une séance de méditation collective. Il m'a alors été donné de vivre mon Bayreuth à moi. Qu'est-ce à dire ? Ceci : quand Nietzsche se rend à Bayreuth, c'est pour entendre du Wagner. Où, mieux qu'à Bayreuth, Nietzsche pouvait-il goûter l'œuvre de son ancien maître et ami ? Bayreuth, c'était, par Wagner, la réunion de tous les arts autour de la musique. L'œuvre d'art totale, la *Gesamtkunstwerk* : Wagner avait pensé l'architecture, dessiné les décors de son opéra, écrit lui-même le livret, coordonné le drame et la danse, et placé l'ensemble sous la coupe de la musique qu'il avait composée. Or l'opéra wagnérien ne se contentait pas de fusionner tous les arts (architecture, peinture, danse, poésie...) mais, selon Nietzsche, de fusionner entre eux tous les spectateurs : le dispositif bayreuthien avait pour visée de provoquer quelque chose comme une transe. « À Bayreuth, écrit Nietzsche, on n'est respectable qu'en tant que masse, comme individu on ment, on se ment à soi-même. On se laisse soi-même chez soi en allant à Bayreuth[47]. » Ce qui advient, à Bayreuth, d'après Nietzsche, c'est la dispense d'être soi, le doux et dangereux vertige de ne plus s'appartenir. C'est, en un mot, la mort par fusion dans le Tout. C'est déjà le régime totalitaire à quoi la musique de Wagner servira. Aussi Bayreuth est-il pour Nietzsche

47. Nietzsche, *Nietzsche contre Wagner*, « Où je fais des objections », traduction par Éric Blondel, in *Ecce homo*, Paris, GF-Flammarion, 1992, p. 186.

le temple de l'hystérie collective : l'individu n'y existe qu'en tant qu'il coagule avec la masse des spectateurs.

Nietzsche étouffe. Il sent son pied qui le démange. « J'ai comme envie d'ouvrir les fenêtres. De l'air ! Vite, de l'air[48] ! » Peut-être pressentait-il la suite de l'histoire, le fondement (au sens de ce qui fonde et de ce qui fond !) du peuple allemand en masse populaire…

Cette envie de distribuer des coups de pied, de renverser quelques chaises, de crier qu'on ne m'aura pas, ou bien alors, si l'on m'a, qu'on ne m'aura que vivant, je l'ai sentie ce jour-là, alors que le maître en méditation invitait chaque ego à s'abdiquer lui-même, à se laisser pénétrer par le sentiment de son impermanence, de sa parfaite vacuité, etc. Nietzsche rapprochait, comme deux nihilismes, le bouddhisme de Schopenhauer et le romantisme de Wagner : dans le second, l'individu fusionne avec le peuple, il régresse dans la masse. Par le premier, il est invité à « rompre le principe d'individuation » – sans que Schopenhauer n'ait jamais imaginé un dispositif pour cela. Dans cet exercice de méditation collective, j'avais Schopenhauer à Bayreuth.

On raconte que Nietzsche sortit vomir. J'eus, pour ma part, envie de hurler ou de commettre quelque acte grotesque qui aurait ramener l'assemblée au contact de la vie, de cette vie toute bête et toute bonne. Ma femme me serra fort la main et je goûtai comme il est bon d'être deux : de n'être ni le Tout, ni le rien du Tout.

---

48. Nietzsche, *Le Cas Wagner*, § 5.

Ces dieux qui dévorent

C'est sans doute l'élément païen que Nietzsche, sans le savoir, vomissait à Bayreuth. Dans le paganisme, dont l'Allemagne nazie appelait le retour, l'individu fusionne pathétiquement avec le divin, par de puissants dispositifs (danse, transe, drogues) qui, pourrait-on dire, forcent la grâce qu'on devrait, logiquement, recevoir. Le paganisme, c'est la fusion de l'individu dans le tout communautaire, et du tout communautaire dans la totalité cosmique. Historiquement, c'est de cela que le judéo-christianisme nous a peu à peu sortis.

La méditation chez Plotin poursuit, dans la perspective métaphysique qui est la sienne, une fin identique : l'abdication de l'individu dans le Tout. Le nom du principe, chez Plotin, est l'Un. Ce n'est pas l'amour, comme dans la conception trinitaire du Dieu chrétien. Ce n'est pas la distance qu'il faut pour que Dieu soit en lui-même relation, mais l'appel qui, au cœur de la créature, l'incite à revenir en amont de son existence pour réintégrer l'unité dont provient la multiplicité. Dans la perspective que dessine Plotin, on ne se *rapporte* pas à l'Un, pour le connaître ou l'aimer : on doit se fondre en lui. « Aimer l'Un », « penser l'Un », « dire l'Un », c'est déjà trop pour Plotin : car c'est encore viser un acte et prononcer trois mots – c'est toujours une séparation d'avec le principe. Cela par quoi on se rapporte au Principe (un désir, des mots) est aussi ce qui en sépare. Il faudrait donc, par le moyen de la méditation, s'absorber en l'Un, s'y dissoudre. Et l'on culpabilisera toujours de ne l'avoir pas fait (car si l'on culpabilise, c'est qu'on est revenu de l'extase) ou de ne pouvoir le faire (car tant qu'on vise l'union au principe comme but, c'est qu'on en est séparé).

Le Dieu juif et chrétien, Dieu de la Parole, donc de la distance consentie en ce qu'elle rend possible l'appel et la libre réponse, est en ce sens bien moins terrifiant. Même si le christianisme n'échappe pas toujours au désir de nier le scandale de la mort. Certains chrétiens, dès l'enterrement, parlent d'un « encielement » – or n'est-il pas un temps pour pleurer ? Et puis il y a cette traduction trop pleine de sage résignation qui voudrait que Jésus dise, pour affirmer la prévenance du Père : « Ne vend-on pas deux passereaux pour un sou ? Et pourtant, il n'en est pas un qui meurt sans que Dieu le veuille », ou : « n'y consente ». En réalité, Jésus ne fait que dire : « Il n'en est pas un qui tombe sans que votre Père soit avec lui… » D'où la suite du texte : « Alors pourquoi craindre, vous qui valez mieux que des passereaux[49] ? » De son côté, le Livre de la Sagesse de Salomon affirme clairement : « Dieu n'a pas fait la mort. Il ne prend pas plaisir à la perte des vivants. Il a tout créé pour la vie. Chaque créature de ce monde est bonne. Elle n'est pas faite pour la destruction et la mort n'est pas chez elle sur la terre.[50] »

Saint Silouane, moine du mont Athos, n'était pas un partisan de la dissolution de soi. Au plus fort de sa détresse, il entendit le Christ lui dire : « Tiens ton âme en Enfer et ne désespère pas. » On raconte qu'en 1905, un séisme faillit détruire l'église où les moines du mont

49. Mt 10, 29-30 ; cf. en Lc (12, 6) : « Ne vend-on pas cinq passereaux pour deux sous ? Cependant aucun d'eux n'est oublié devant Dieu. »
50. Sg 1, 13-14.

Athos étaient réunis et chantaient. Aucun des moines ne crut bon d'interrompre son chant et de quitter l'édifice. Cela dit bien que si l'on meurt assez à soi, la mort n'a plus rien à prendre. Et l'on trouvera tout à coup ridicule cet homme assez enchaîné à sa vie pour céder à une vaine panique qui le mènerait plus sûrement au danger que de rester paisiblement là, à louer l'Éternel. La panique réveille l'égoïsme fondamental dont il faudrait s'être défait.

Pourtant, si j'admire les moines et leur sens des priorités, je défendrais cet homme et sa panique ridicule. Je me reconnais en lui sans reconnaître dans sa fuite les ressorts de l'égoïsme. Car peut-être cet homme est-il père. Non point « Père », comme on est « abbé », comme l'est le moine russe ou le prêtre catholique, comme le sont ceux qui ont donné leur vie à Dieu, qui l'ont perdue pour ne la recevoir que de Lui. Le jour de leur ordination est une mise à mort de la vie égoïste : le geste impressionnant de la prostration le raconte. Moi-même, sans doute, suis-je mort le jour où mon fils est né : j'ai senti à quel point je ne m'appartenais plus, et qu'à partir de ce jour, je faisais partie des générations qui partiraient avant celle que je voyais naître entre mes bras impressionnés. Mais cette conscience de la mort était paradoxalement assortie d'un devoir de vivre. L'injonction en était presque paradoxale : meurs aujourd'hui, mais, à partir de ce jour, assure-toi d'être assez en vie pour protéger ton enfant des coups du sort. *Laisse à ton fils la place dont tu es pourtant devenu l'enceinte, le rempart.*

Aussi, si je suis de ceux qui se protégeraient à coup sûr si un tremblement de terre venait me surprendre dans ma solitude, ce n'est pas pour moi seul, c'est peut-être même d'abord parce que, que je le veuille ou non, je n'ai pas le droit de mourir. C'est justement parce que je suis mort à moi-même comme père que je n'ai plus le droit de mourir. Je me reconnais dans le père qui, à l'annonce des résultats du tirage au sort, fut condamné le 29 juillet 1941 à aller dans le bunker de la mort et protesta tout ce qu'il a pu. Je n'en admire que davantage Maximilien Kolbe, qui s'est porté volontaire pour l'y remplacer, comprenant peut-être que cette place était la sienne depuis qu'il était devenu, par son ordination, Père de chacun, de personne et de tous, y compris de cet homme et de ses enfants.

*

Nous avons croisé quelques-unes des façons mortelles d'apprivoiser la mort, quelques morbides manières d'en devancer l'appel : la quête de la non-dualité, la fusion dans le Tout, l'ataraxie… Sans doute n'est-ce pas exhaustif, mais il fallait commencer par reculer devant elles.

Reculer pour faire, vers la mort, un premier pas qui soit celui d'un vivant.

Or ce que le vivant va rencontrer, bien avant la mort qui le tuera, ce sont des « petites morts », épreuves et blessures. Le paradoxe étant que, plus il est vivant, moins les épreuves lui seront épargnés. L'homme, fait pour la vie, que peut-il faire de ce qui, dans sa vie, le meurtrit ?

II

Mourir parfois

Nous venons d'esquisser deux conduites qui, à la fois ne nient pas la mort et affirment son impossibilité. Deux conduites qui sont ainsi toujours meilleures que la résignation : d'une part l'insurrection tragique, de l'autre le resurgissement mystique. Œdipe et Orphée. La lutte désespérée ou la supplication « *contra spem in spe*[1] ».

L'un, Œdipe, est assigné à un destin qu'il refuse jusqu'au bout. L'oracle est écrit, son meurtre et son inceste sont *toujours déjà* irréparables. Avant d'avoir lieu, ils dessinent le lieu étroit où Œdipe devra se mouvoir et n'indiquent qu'une issue. À cause d'eux, Œdipe est mort à tout « à-venir », à toute possibilité d'introduire dans le monde une radicale nouveauté. Refuser ce destin est sa grandeur : c'est le beau geste, tragique et inutile, qui plut à Nietzsche. Comme l'écrit Paul Ricœur : « Le tragique

1. « Contre tout espoir dans l'espoir » : c'est là la formule paulinienne (Rm 4, 18) qui rend la vertu d'espérance.

proprement dit n'apparaît que quand le thème de la prédestination au mal – pour l'appeler par son nom – vient buter contre le thème de la grandeur *héroïque* ; il faut que le destin éprouve d'abord la résistance de la liberté, rebondisse en quelque sorte sur la dureté du héros, et finalement l'écrase, pour que naisse l'émotion tragique par excellence [...][2]. » La mort est l'une des figures de cette « prédestination au mal » à quoi il est beau de ne pas trop vite se résoudre – et bien que cela, qu'on le veuille ou non, finisse toujours mal.

L'autre, Orphée, a ceci de beau qu'à son tour il refuse l'impénétrable nécessité. Geste absurde : la raison n'enseignait-elle pas à Boèce de chasser les muses qui lui inspirent de chanter ou de pleurer ? Mais Orphée pleure et il chante : sa supplication fait dans les Enfers une ouverture par où se glisser. Elle crée, au cœur de l'inexorable loi, une exception. Si peu faits pour la mort, n'avons-nous pas le devoir d'imiter Orphée qui, comme Œdipe et d'une autre manière, donne chair à son refus de perdre ce qu'il aime ?

Ce sont là deux façons, pour la vie, de se rapporter à la mort sans lui offrir prise. Pour autant, vivre, est-ce seulement rejeter loin de soi la mort ? Comme la parole qui, par crainte des silences de plomb, se fait bavardage, la vie gagne-t-elle vraiment à prendre toute la place ? Ne risque-t-elle pas de s'enfermer dans son refus de la mort, de devenir captive d'elle-même : d'autant moins vivante qu'elle est plus soucieuse de se conserver ? On met le

2. Paul Ricœur, *Philosophie de la volonté*, II, *Finitude et culpabilité*, Deuxième Partie, chapitre II, Paris, Aubier Philosophie, 1988, p. 361.

ventre à terre pour manger les épluchures d'oignons, et par là on est plus digne que celui qui s'y refuse – *sauf si*, précise Robert Antelme, *il s'agit pour y parvenir de passer sur le corps d'un autre*. Cette petite réserve, il faut l'entendre : l'acte de survie n'appartient pleinement à la vie qu'à condition de n'être pas posé au détriment d'un codétenu. Si, au contraire, refuser sa mort l'est aux dépens d'un autre résistant, la résistance elle-même devient morbide.

Enfin, la vie vit-elle si elle ne se risque pas ? La vie qui perçoit de toute chose le danger – est en danger de mort : « être plein de vie », comme le veut l'expression, c'est être libre de la vie elle-même. Être plein de vie, c'est tout le contraire d'une vie inquiète d'elle-même.

Mais faut-il alors admettre, subrepticement, que la mort et la vie ont finalement partie liée ? Parce que la vie, quand elle craint trop de se perdre, n'est plus la vraie vie, généreuse d'elle-même, va-t-on s'empresser de justifier la mort ? De la faire entrer dans la vie ? D'en soulager la peur en indiquant je ne sais quelle continuité entre elle et la vie ?

Entre le refus obstiné de la mort (la lutte tragique d'Œdipe ou la supplication d'Orphée) et son acceptation (les sagesses de camomille), n'existe-t-il pas une troisième voie ? Est-il une façon positive de se rapporter à la mort qu'on ne puisse pourtant pas suspecter de morbidité ? Y a-t-il une manière d'ouvrir les bras à la mort qui ne soit une façon déguisée de les baisser devant elle ?

Entre négation et acceptation de la mort : c'est ce chemin que nous allons tenter de tracer. Un chemin qui ne s'éloignera pas du désir ardent de vivre mais qui, ni tragique (Œdipe), ni mystique (Orphée), essaiera d'épouser le temps de nos vies, la tournure de ses événements. Ce chemin, le voici : il s'agirait de *faire usage*, non de la mort en tant que telle, car cela n'est pas possible, mais de tout ce qui, dans la vie, revêt de la mort son caractère de « chose impossible ». Il s'agit dans ce chapitre de se rendre attentif à ces choses de la vie qui, comme la mort, sont des impossibilités mais qui, n'étant pas la mort, mais « seulement » des épreuves pour la vie, nous offrent la possibilité d'apprendre ce que la mort ajoute à la vie. Ces choses impossibles (épreuves sur le plan pratique ou contradictions sur le plan théorique) révéleront en effet de la vie ce qu'on ne peut apercevoir qu'au-delà d'elle, et notamment ceci : en consentant à mourir à une vie seulement soucieuse de se conserver, non seulement nous libérons la vie d'elle-même mais elle libère ainsi, comme on le dit d'un fruit, sa saveur propre. *Faire usage de l'impossible au cœur de la vie* : tel serait un art de se rapporter à la mort qui, toutefois, n'emprunterait qu'à la vie.

En quoi consistent ces points d'impossibilités auxquels notre vie se heurte ? Quel est cet « usage » qu'on peut en faire en vue d'une relation à la mort qui ne soit ni son anticipation morbide, ni son refus obstiné ?

L'usage de cet impossible niché au cœur de toute vie consiste en un consentement qui produit, comme par surcroît, un renversement : en mourant, au fil de mon existence, à une vie cherchant à tout prix à exclure l'épreuve et la mort, je laisse mourir ce qui, dans ma vie, est possédé par la vie. À travers ces morts de ma vie à elle-même, je tue ce qui, en elle, se révèle finalement incapable de traverser la mort. Et à l'inverse, en accueillant l'épreuve et la contradiction, je sors ma vie de la négation univoque de la mort où elle pourrait finalement s'enfermer.

Mais avant d'en arriver là, il nous faut d'abord repérer la présence en notre vie de ces épreuves qui, n'étant certes pas encore la mort, ont d'elle le trait distinctif d'être « comme une chose impossible ». Nous voudrions démontrer que nul n'échappe à ces morts, qu'elles sont constitutives de toute vie vraiment vécue. Nous verrons donc, en premier lieu, qu'une insoluble contradiction frappe les rapports à autrui, d'une part, au monde d'autre part, à soi-même enfin. Ayant exploré cette triple contradiction, cette triple mort de la vie à elle-même, nous verrons ensuite quel usage il est possible d'en faire.

L'impossible dans le rapport à autrui

La vie est *avant* la mort, avons-nous dit. Mais la mort est aussi *dans* la vie. Non seulement sous la forme, pure et dure, de ce qui met un terme à la vie. Mais aussi à travers l'épreuve contre laquelle mon désir, alors même qu'il est tout prêté à vivre, se cogne : chaque fois que ma vie rencontre, dans son déploiement, un point d'impossibilité, elle est appelée à mourir. Non pas donc à mourir absolument, mais à « mourir à ». Ces morts partielles sont inscrites en tous les désirs (ils sont nombreux) *dont la satisfaction contredit l'impulsion*. Il est en effet des désirs que nous ne pouvons satisfaire qu'à condition de renoncer, provisoirement, peut-être définitivement, à ce vers quoi leur mouvement nous portait. Des désirs à la fois nécessaires et impossibles.

Quand, par exemple, j'aime un être de toute ma force, je le veux pour moi, je le veux tout entier... mais l'absorption de cet être par l'amour que je lui porte serait aussi sa négation. Aimer, c'est à la fois se réjouir et souffrir de l'altérité de l'être aimé. Aimer, c'est *en même temps* aspirer et renoncer à posséder. Sauf à détruire celle qu'il aime, l'épris doit se déprendre. En ce sens, il en va de l'amour comme de l'accueil. Accueillir quelqu'un, c'est, contradictoirement, commencer par le laisser s'en aller : c'est refuser la mainmise. On lui ouvre les bras et, certes, on les referme sur lui en signe de bienvenue. Mais il faut aussitôt conjurer la prise d'otage qui serait d'avoir prévu, pour son hôte et à sa place : la durée de son séjour, l'horaire des repas, le programme des sorties... Ces bras qui, dans leur étreinte, se sont fermés s'ouvrent à nouveau. Dessinant l'ombre d'une croix, ils disent, sans réussir toujours à le dire : « Tu restes ici autant que tu veux. » Ils voudraient ajouter : ni plus, ni surtout moins, mais il faut se taire et laisser l'autre libre d'en convenir. Ou bien alors, selon la formule consacrée : « Tu fais comme chez toi » – car il n'y a que de chez soi qu'on peut partir quand on veut.

M'ouvrir à toi pour te faire mien ou mienne, c'est mourir à toi comme m'appartenant. Cette croix que porte tout amour, nous ne la percevons pas toujours. Simone Weil écrivait : « La vie humaine est *impossible*. Mais le malheur seul nous le fait sentir. » En effet, la contradiction logée dans tout amour (à savoir : libérer l'autre d'autant plus douloureusement qu'on l'aime davantage), c'est la séparation, et elle seule, qui nous en donne la science. *Pathemata mathemata*[3] : le deuil mesure l'amour à l'espace que l'aimé laisse par son départ, au creux que fait la place qu'il occupe dans mon cœur. Le deuil mesure l'amour par la douleur. Comme le bel enterrement, il y a en lui joie et tristesse – les deux, ensemble et proportionnellement. Ici, le caractère impossible de l'amour apparaît. C'est une croix : car alors je ne peux retenir ni l'être aimé, ni mes larmes. Je ne peux retenir l'être aimé, puisque l'aimer, c'était me réjouir de lui, c'était cette joie de l'offrir à lui-même, en le laissant à sa vie et à sa mort propres. Je ne peux pour autant retenir mes larmes, puisque ces pleurs disent tout à la fois la joie d'avoir reçu l'ami et la douleur de l'avoir perdu.

Pourquoi est-il impossible de perdre un enfant ? Est-ce parce que, parmi les êtres humains, nous nous attachons davantage aux plus petits d'entre eux ? Est-ce parce que, dans cette mort venue trop tôt, l'ordre des générations n'a pas été respecté ? C'est sans doute cela. Mais c'est aussi d'avoir à vivre d'un coup tout l'amour qu'on portait et qui devait, dans l'ordre naturel des choses, s'étaler sur des années, s'écouler moins brutalement, se mêler à des choses simples et rébarbatives (soins quotidiens, éducation, trajets en voiture…) – toutes ces choses qui nous sauvent d'avoir à vivre frontalement l'intensité d'aimer. On n'aime qu'à la folie – mais le cours de la vie ne nous le laisse pas percevoir. Ce qui rend inconsolable la perte de l'enfant, c'est d'être contraint aujourd'hui à prendre la mesure d'un immense attachement. Aussi le

3. « Mes souffrances, mes connaissances. »

pleurera-t-on jusqu'à la fin : on mouillera de larmes le chemin de vie dont l'amour était la promesse et qu'il faudra parcourir sans lui.

Pour le dire autrement, la mesure temporelle de l'amour, c'est l'éternité. C'est pourquoi nous n'en pleurerons pas moins la femme avec qui nous avons passé notre vie et partagé le quotidien, au fil d'un amour plus tranquillement passé. Si on ne veut pas dire « croix », on dira qu'il y a là un chiasme (et, quoi qu'il en soit, un impossible confort) : en pleurant l'être aimé, je ne pleure pas tant sa mort que notre amour – et toute larme est un remerciement ; mais alors, à l'inverse, en prenant dans les bras le corps plein de vie de ma femme ou de ce petit garçon, quelque chose en moi, déjà, est travaillé par le deuil de sa perte – et tout amour, même au présent, est un au-revoir. L'amour aussi est « comme une chose impossible » : un de ces désirs dont la satisfaction contredit l'impulsion.

L'impossible dans le rapport au monde : le projet

Aimer ne se peut donc que douloureusement : qu'à mourir, par amour, à l'amour qui possède. Il s'agit finalement de renoncer à l'objet de son désir sans abdiquer son désir : quand on aime, on laisse partir l'autre sans le laisser tomber. On donne l'être aimé à sa vie sans pour autant l'abandonner à elle. C'est l'inconfort même. C'est un équilibre : par essence instable.

Or ce qui est vrai de mon prochain l'est de l'amour

plus général de la vie : le désir de faire de sa vie quelque chose rencontrera l'imprévu qui, indésirable et inconnaissable comme tel, est pourtant déjà inscrit dans le projet. La contradiction de toute vie est la suivante : faire un projet, c'est exclure de lui ce qui en signerait l'échec. On ne fait pas un projet pour échouer. Mais en même temps, faire un projet, c'est découper dans l'avenir un horizon où l'échec, conjuré tant que rien n'est décidé, devient possible. Non seulement possible, mais peut-être nécessaire : il est souvent difficile de mesurer la part de lui-même que le projet a dû payer au réel pour pouvoir s'y inscrire. Cette part est parfois si grande que c'est moins mon projet qui a trouvé place dans le réel, que le réel qui a trouvé place dans la belle idée de départ. Qui prend sa vie en main sent qu'elle lui échappe. Qui la prend à bras-le-corps en mesure le poids : le plan qu'on fait est à la fois nécessaire, et nécessairement déjoué.

On veut, comme on dit, « réaliser » telle chose. Mais le réel se reconnaît justement à ceci que, contrairement au doux rêve, il résiste à ce qu'on veut en faire. Il est certes assez vierge pour qu'on y projette ses désirs, mais déjà tel qu'il faudra renoncer à la lettre de leur accomplissement. Tout projet est tragique au sens où il commence par configurer le réel dont il sait pourtant qu'il portera la marque contrariée. C'est à se demander parfois si l'accomplissement l'est bien du projet de départ. Je voulais par exemple être père de famille, sans pouvoir comprendre tout ce que cela signifiait – et aujourd'hui, je le suis. À moins que ce ne soit l'inverse : une chose que je ne pouvais comprendre m'est advenue, qu'on appelle « être père ». J'ai certes réuni les conditions pour cela, mais savais-je alors exactement ce qu'elles rendaient possible ? Quand on arrive à ses fins, c'est rarement celles qu'on s'était fixées[4].

L'impossible dans le rapport au monde : le politique

Cette contradiction entre le désir et ce réel qu'il ne peut transformer sans être transformé par lui, travaille de l'intérieur la plus belle ambition qui soit : l'ambition politique. C'est là la plus belle part de l'action humaine qui est frappée d'impossibilité. L'ambition politique est de faire coïncider, en un espace donné, d'une part le monde extérieur, de l'autre les aspirations les plus profondes de l'être humain : l'art proprement politique vise à créer les institutions qui rendent manifeste et pérenne ce qu'il y a de meilleur en l'homme. Or ce grand projet, hors duquel la vie humaine perd tout sens, s'il arrive un jour à ses fins, doit pourtant s'arrêter aux dimensions d'une Cité ou d'un État. Ceci, qui est nécessaire, est aussi impossible à accepter : plus la réussite politique est parfaite, moins il est satisfaisant qu'elle soit limitée dans l'espace – comme le sont pourtant toute Cité ou tout État.

Le politique, dans ses réussites, est bien un miracle : c'est l'Universel matérialisé, concrétisé, « objectivé »

4. Cioran, ironique et excessif, écrivait : « La seule chose qu'on devrait apprendre aux jeunes est qu'il n'y a rien, mettons presque rien, à attendre de la vie. On rêve d'un *Tableau des Déceptions* où figureraient tous les mécomptes réservés à chacun, et qu'on afficherait dans les écoles » (*De l'inconvénient d'être né*, Paris, Gallimard, Folio, 1987, p. 150).

dirait Hegel, dans des institutions. Qui a l'œil politique voit en effet dans un tribunal la Justice faite pierres, et dans l'Hôpital l'aspiration à « faire le bien » enfin rendue opératoire. La caserne des pompiers est, de même, l'institutionnalisation de la vertu de courage – courage dont on n'est jamais certain de faire toujours preuve, mais qui trouve ici une efficacité et une permanence. Le politique crée le dispositif collectif qui rend concret le bien qu'on voudrait faire. Par le politique, il est finalement donné au citoyen la forme la plus élevée de liberté : non pas *faire ce que l'on veut* (conformité de mon agir à mon vouloir particulier), ni même seulement *faire ce que l'on doit* (conformité de mon agir à mon devoir), mais être soi-même dans son autre : trouver à l'extérieur de moi des choses (institutions, monuments, signes…) qui expriment à plein, hors de moi, ce que j'ai en moi de meilleur. Il y a alors conformité de mon agir et de mon être, réconciliation de l'intérieur et de l'extérieur.

Tel est le miracle qui advient par l'œuvre politique : un idéal, certes, mais matérialisé ; une grande aspiration, oui, mais devenue efficace et effective. En un mot : l'Universel, mais ici et maintenant. Voire l'Éternel, qui épouse l'Histoire : l'institution politique stable, ce que Hegel nomme « le Droit », c'est en effet la manifestation concrète du Bien dans le monde, c'est son incarnation – mais délestée des supplices de la Passion. L'État réalise ce que Dieu lui-même n'a pas su faire : venir habiter le monde sans être déchiré par lui.

Or l'œuvre politique, c'est malheureusement aussi, et qu'on le veuille ou non, d'une part l'Universel enclos dans un territoire donné, d'autre part l'Éternel soumis aux aléas du temps. C'est d'abord de l'Universel enclos dans un territoire donné : plus la Cité comble les besoins matériels et spirituels de l'homme, moins elle peut se satisfaire de n'être qu'une Cité. Très rapidement, cette Cité sera donc tentée par l'ambition impériale, au risque de se perdre en imposant à d'autres une liberté qu'elle corrompt par là même. Si bien que le politique, pour se réaliser sur un point donné du temps et de l'espace, doit mourir à ce qu'il est par essence, à savoir : le désir pour l'homme de réconcilier ses aspirations avec le monde. Le politique doit se renoncer en limitant « le monde » à un territoire donné, qu'on entourera de frontières, qu'on défendra envers et contre tout – aux dépens mêmes de l'idéal de justice et de paix qui s'y réalise pourtant. Athènes, si l'on se figure par là un moment politique idéal, fut finalement, au faîte de son excellence, un monstre : un espace *particulier* de réalisation *universelle*.

Le politique, dans son accomplissement, c'est ensuite de l'Éternel temporalisé. Car si ce n'est pas la Cité, en ce qu'elle semble trop particulière pour réaliser l'Universel, ce sera l'État – l'État dont le rôle, comme le dit son nom, est de *stabiliser* ce qui fut acquis au fil de l'Histoire, de thésauriser les réussites politiques en les inscrivant dans le Droit. Or le propre de l'Histoire est au contraire d'aller, d'avancer, d'emporter avec elle ce qui fut un jour posé en elle… La tâche superbe que Hegel confère à l'État, à savoir : éterniser l'Histoire en institutionnalisant ses plus belles réalisations, se heurtera tôt ou tard au fait que rien, dans le temps, ne peut prétendre à la stabilité. La preuve de cela est la revendication, par l'État, du monopole de la violence. Quand cette violence explose, écrit Rosenzweig, « L'État dévoile son vrai visage. Le Droit n'était que son premier mot. Il est incapable de s'affirmer contre la métamorphose du temps. Et voici que l'État prononce son second mot : le mot de violence[5]. »

« Que les nations se reconnaissent mortelles ! » lance le Psaume 9. L'ambition politique, la plus belle ambition qui soit, est elle aussi marquée par la croix de la contradiction. Que ce soit donc dans son rapport à l'autre (l'amour) ou, plus globalement, au monde (le politique), l'homme doit consentir à l'impossible au cœur de sa vie. Ce ne sont là que des morts « relatives » puisque, par elles, il ne s'agit pas de mourir tout court, mais de « mourir-à » : mourir à toi parce que je veux vivre avec toi ; mourir à mon projet dans la mesure exacte où j'en ai l'ambition.

Ce sont là ce qu'on pourrait appeler des « petites morts » : au cœur de la vie, il nous faut renoncer au pur et simple déploiement de la vie. « Petites morts », car elles ne sont pas celle qui m'arrachera irréversiblement à la vie. Mais elles n'en sont pas moins ce qui blesse cette vie. Mieux : elles sont ce à quoi la vie doit consentir si elle ne veut pas tuer sans cesse et mourir à jamais. Pour reprendre les deux contradictions du désir évoquées (dans mon rapport à l'autre et dans mon rapport au monde) : d'une part, si je ne veux pas te tuer par jalousie ou mourir de ton amour, je dois mourir à un amour sans contradiction ; d'autre part, si je ne veux pas céder à la tentation de l'empire (être tout) sans pour autant renoncer à toute inscription politique, je dois mourir à

5. *L'Étoile de la Rédemption*, *op. cit.*, p. 393.

tout désir de changer le monde qui ne soit pas, pour une part au moins, crucifiant.

L'impossible dans le rapport à soi

« Petite mort » : il est intéressant de noter que c'est ainsi qu'on nomme l'orgasme. Lui aussi serait-il marqué par une irréductible contradiction ? Oui, et avec lui, non seulement toute jouissance, mais tout désir d'un authentique rapport à soi.

Puisqu'il est le sommet de la vie sensuelle, on voudrait coïncider avec son orgasme. Mais plus l'intensité de l'orgasme est grande, plus je suis possédé par lui – plus donc je me perds en lui, et moins je le possède. Être parfaitement à sa jouissance, c'est n'y être plus – c'est se dissoudre en elle, ce que savent les toxicomanes. Plus la présence est forte, plus l'absence est criante. Mais si, pour conjurer cet absentement, je mets entre ma jouissance et moi une distance suffisante pour y maintenir l'acte de conscience, je n'y suis pas non plus. La pornographie, en filmant l'orgasme, m'offre celui d'un autre – ou le mien, mais en différé. Mon propre plaisir est un rendez-vous manqué. Ce pourquoi, sans doute, on y retourne sans cesse, jusqu'à l'addiction : ce n'est pas parce que le plaisir comble qu'on y revient, mais au contraire parce qu'on n'y est jamais. La jouissance sexuelle est impossible autrement que par l'étreinte de deux êtres qui se donnent parfaitement l'un à l'autre, de sorte que le plaisir de l'un est finalement de recueillir la jouissance de l'autre – et réciproquement. On ne possède sa jouissance qu'en l'abandonnant à un autre dont on reçoit la sienne. Alors la petite mort devient une vie reçue. En dehors de cela, il n'est qu'à méditer la sentence du mystique rhénan Angelius Silesius : « Ce que je suis, je ne le sais pas. Ce que je sais, je ne le suis pas[6]. »

L'impossible coïncidence avec soi dans la sensation est en effet le symbole d'un écart plus profond entre soi et soi-même : jamais je ne suis donné à moi dans une pleine transparence. Il en va de ce que je suis comme de ce que je sens, de la connaissance de soi comme de la jouissance de soi : je ne la reçois que de m'en défaire. Aussi Georges Bernanos écrivait-il à ce jeune homme qui craignait avoir donné de lui-même une fâcheuse impression :

> « Je ne suis pas ceci... Je ne suis pas cela... » Qu'importe de savoir ce que vous n'êtes pas ? Je répète que ceux-là seuls, à travers le monde, qui ont besoin de nous pourraient dire ce que nous sommes, puisqu'ils savent ce qui leur manque, et qu'ils trouvent en nous. Pourquoi se raconter quand on peut se donner ? Et nous nous donnons si souvent à notre insu !

Quelques lignes plus haut, Bernanos écrivait en effet :

> [...] j'ai renoncé depuis longtemps à me connaître moi-même, du moins au sens où l'entendent les Sages de ce monde. Après tout, il suffit bien que les autres ren-

6. Angelus Silesius, *L'Errant chérubinique*, Paris, Éditions Planète, 1970, p. 37, traduction modifiée.

> contrent en moi ce que le Bon Dieu leur inspire d'y chercher, et qu'il y met d'ailleurs lui-même, ne fût-ce qu'un instant. Comment voudrait-on faire l'inventaire d'un magasin dont on ne possède pas les clefs, et où la Providence entrepose ce qui lui plaît[7] ?

Les Grecs avaient peut-être eu l'intuition de l'impossible coïncidence avec soi à travers le célèbre paradoxe d'Épiménide. Épiménide le Crétois, quand il affirme « Tous les crétois sont des menteurs », ou bien ment, puisqu'il est crétois – mais alors, par ce mensonge, il dit la vérité ; ou bien il dit la vérité, mais en ce cas il ment. La contradiction est insoluble sauf à affirmer que, pour énoncer une vérité sur ce que sont les Crétois, Épiménide ne doit plus être tout à fait crétois, ni donc tout à fait menteur. Ce qui signifie qu'amener à la conscience une quelconque connaissance de soi, c'est déjà avoir acquis vis-à-vis d'elle la distance qui la fait mentir. Formuler une loi sur ce que l'on est, c'est en être l'exception.

Connaître suppose la distance. Cette distance est liberté. Ainsi l'écart qui sépare l'homme de lui-même, au lieu d'être comblé par les sciences dites humaines, ne fait que s'accroître davantage. Tous les déterminismes que la sociologie, la psychologie, l'anthropologie mettent au jour sont relativisés par leur énoncé même : car non seulement on ne peut prendre conscience que de ce qui ne nous détermine pas de bout en bout (une parfaite détermination s'accompagnerait d'une ignorance totale

7. Georges Bernanos, « Lettres à Amoroso Lima », in *Revue Esprit*, août 1950, n° 8, p. 189.

de son pouvoir sur nous), mais ce savoir rendra désormais la détermination moins efficace (la connaissance d'un mécanisme est aussi ce qui permet de l'enrayer). Se connaître, c'est, dans le même mouvement, échapper à soi-même. L'homme est tout entier dans cet écart qui le sépare de lui.

L'adage grec dit : « Connais-toi toi-même, et tu connaîtras ta place dans l'univers et au-dessous des dieux. » Mais ce qui est prescrit à l'homme lui est aussi proscrit. Se connaître assez pour prendre une place dans le monde qui serait sienne : cette aspiration se nomme « cosmos », entendu par là la totalité harmonieuse où chaque chose aurait sa place. Or il apparaît que l'homme ne pourrait nommer le cosmos s'il en était une partie parfaitement intégrée : pour se rapporter à une chose, il faut ne pas coïncider avec elle. Si l'homme avait une place dans le Tout, il l'occuperait. Mais au contraire, en nommant le Tout, il s'en sépare. En formulant le désir qu'il existe un Tout harmonieux, il avoue n'en être pas. Au mieux, nourrira-t-il pour le cosmos de la nostalgie : la chose est à la fois désirée et perdue, désirée à raison de sa perte, et perdue en raison du désir même qu'on en a[8]. Puisque toute conscience est arrachement du sujet

8. Pour l'homme, il n'y a pas plus de place dans le cosmos que de fusion possible avec la mère Nature, comme l'indique avec humour la romancière américaine Flannery O'Connor : « … La semaine dernière, nous avons reçu une invitée du genre mystique, Miss R. Les mystiques ont le don d'irriter ma mère. Un soir, Miss R. est sortie admirer la nature et quand ma mère est allée voir ce qui se passait, elle a surpris Miss R. allongée sur le sol. Il faisait à peu près 15°. " Relevez-vous donc ! lui a dit Regina. Vous allez attraper la mort. Ne pouvez-vous admirer la nature en restant debout ? – Bien sûr, lui a répondu Miss R., mais on communie mieux avec la terre quand on se couche dessus. " Deux jours après, elle avait un rhume. Ma mère a toujours raison… »

à son objet, la nostalgie est la tonalité de la conscience elle-même. La connaissance de soi est perte de soi, comme la conscience du monde est exclusion hors de celui-ci.

L'ouverture au réel

Nous avons vu que l'impossible jalonne notre vie, dans notre rapport à autrui, au monde, à soi-même. Il y a une incommensurabilité de l'homme à sa vie qui contraint constamment celle-ci à se renoncer, à « faire avec », à se cogner à la contradiction, bref : à mourir à elle-même, quand bien même elle ne voudrait que vivre. Or ce renoncement et cette mort à soi sont autant de rencontres du réel : « Le réel, c'est essentiellement la contradiction, écrit Simone Weil. Car le réel, c'est l'obstacle, et l'obstacle d'un être pensant, c'est la contradiction. » Simone Weil fait alors cette remarque sur laquelle nous voudrions maintenant nous attarder afin de commencer à percevoir l'usage que l'homme peut faire de toutes ses petites morts : « Le beau dans la mathématique réside dans la contradiction. L'incommensurabilité, *logoi alogoi* [littéralement : « rapport sans rapport » (Simone Weil nomme par là le nombre irrationnel, racine carrée de deux ou pi)], a été la première splendeur du beau dans la mathématique[9]. »

(*L'habitude d'être*, *Œuvres complètes*, Paris, Gallimard, coll. « Quarto », 2009, p. 1164.)

9. Simone Weil, *Cahier 8*, *Œuvres complètes*, t. VI, vol. 3, Paris, Gallimard, 2002, p. 64. Sur le thème de l'incommensurabilité, voir Laurent Lafforgue,

Qu'est-ce à dire ?

« Racine carrée de deux » est un nombre dit « irrationnel » : en algèbre, on dira qu'il n'est pas le quotient de deux nombres entiers (il ne correspond à la division d'aucun nombre entier, contrairement à 2, par exemple, qui correspond à la division de 8 par 4) ; en géométrie, « racine carrée de deux » exprime le fait étonnant qu'il n'y a pas de commune mesure entre le côté d'un carré et sa diagonale : il n'existe pas de segment dont le côté du carré et sa diagonale soient tous les deux des multiples (il n'y a pas, autrement dit, de segment capable de mesurer à la fois le côté d'un carré et sa diagonale). Pour Simone Weil, « racine carrée de deux » signale en mathématique la présence de l'infini au cœur du fini. C'est plus généralement le « chiffre » de l'incommensurable, son symbole. Pour elle, « racine carrée de deux » est présente partout où deux ordres cherchent vainement à coïncider, partout où la contradiction résiste à notre désir de la résoudre. La question n'est donc pas de savoir comment l'éviter, mais ce qu'on peut en faire : quel en serait l'usage.

Or Simone Weil avait une lecture originale de la découverte par Pythagore du nombre irrationnel. Pour elle, et contrairement à une certaine légende, sa découverte n'a pas désespéré Pythagore : identifier à l'intérieur du vaste édifice mathématique quelque chose qui l'empêche de se clore parfaitement sur soi, c'était contraindre la raison, jusque dans son domaine

---

« Simone Weil et la mathématique », in *L'Herne*, *Simone Weil*, Paris, Éditions de l'Herne, 2014, pp. 126 à 137.

propre, à s'ouvrir à plus qu'elle-même, à faire l'expérience de quelque chose qui transcende son ordre. Comme il en va de ce qu'on nomme « un coup de foudre » : l'éclair vient ouvrir ma vie, ordonnée et paisible, à un être qu'elle n'attendait pas et dont, pourtant, elle ne pourra bientôt plus se passer – de même le nombre irrationnel est-il à la fois incompréhensible et, sitôt découvert, incompressible. Grâce à lui, le logos humain cesse de tourner sur lui-même.

« Ce que je ne comprends pas ne laisse pas d'exister », disait Blaise Pascal. Il faudrait aller plus loin et dire : ce qu'une chose ne comprend pas en son ordre propre existe pour elle plus certainement que ce qui s'y trouve. Car exister, c'est justement offrir résistance. Exister, c'est, pour une chose quelconque, lui être incommensurable. Aussi Simone Weil écrit-elle : « [...] ce que nous ne pouvons pas saisir est plus réel que ce que nous pouvons saisir. [...] notre pouvoir de saisir n'est pas le critérium de la réalité, mais au contraire est trompeur[10]. » En effet : ce contre quoi mon intelligence se cogne existe plus sûrement que les idées qu'elle crée de sa propre initiative[11].

L'impossibilité est en ce sens ce par quoi on reconnaît le réel. L'impossible auquel on se heurte est le signe que nous avons affaire au réel. Et le réel, réciproquement, est

10. Simone Weil, *Cahier* 6, *Œuvres complètes*, t. VI, vol. 2, Paris Gallimard, 1997, p. 318

11. Tel est le ressort de la « preuve » de l'existence de Dieu dans la *Troisième Méditation Métaphysique* de Descartes : parce que je ne comprends pas l'idée de Dieu (être infini, tout parfait, etc.), que pourtant je conçois aisément, j'ai la certitude qu'une telle idée n'a pas été créée par moi-même, mais provient d'au-delà de moi. Descartes n'acquiert donc pas la certitude que Dieu existe bien qu'il soit incompréhensible, mais précisément en raison de cette incompréhensibilité.

ce par quoi mon désir s'ouvre à plus que lui-même. C'est parce que tu es, c'est parce que le monde est, enfin c'est parce que je suis, que mes rapports à autrui, au monde et à moi-même sont marqués du sceau de la contradiction. Sans leur impossibilité constitutive, toi, moi et le monde ne me seraient pas réels : « Il faut toucher l'impossibilité pour sortir du rêve. », écrit encore Simone Weil. « Il n'y a pas d'impossibilité en rêve[12]. »

On aperçoit peut-être ici un peu mieux ce en quoi peut consister l'usage de nos petites morts : faire de l'impossible auquel le désir se heurte l'occasion d'une plus grande ouverture de la vie au réel. Faire de ces points d'achoppement que rencontre ma vie, autant de portes de sortie hors de l'imaginaire, c'est-à-dire hors d'une vie qui ne rencontre qu'elle-même. Faire de ce qui nous blesse, autant d'entrées de la vie dans une vie plus vraie – dans une vie qui fait droit à ce qu'elle ne comprend pas. Ce chapitre nous aura donc permis d'explorer ceci que décrit Simone Weil : « Notre vie est impossibilité [...]. Chaque chose que nous voulons est contradictoire avec les conditions ou les conséquences qui y sont attachées [...]. » Mais de cela précisément il est un usage possible. Car, continue Simone Weil : « La contradiction seule nous fait éprouver que nous ne sommes pas tout. La contradiction est notre misère, et le sentiment de notre misère est le sentiment de la réalité. Car notre misère, nous ne la fabriquons pas. Elle est vraie. C'est pourquoi il faut la chérir. Tout le reste est imaginaire[13]. »

12. Simone Weil, *Œuvres complètes*, *Cahiers*, t. VI, vol. 3, *op. cit.*, p. 96.
13. *Ibid.*

N'être pas tout : la pulsion de mort

Mais pourquoi la vie devrait-elle chérir ce qui la contraint à reconnaître sa « misère », à accepter « que nous ne sommes pas tout » ? Précisément parce que la vie, si elle veut être tout, sera bientôt le contraire d'elle-même. Au contact de ce qui la somme de s'ouvrir à plus qu'elle, persister dans l'appétit qu'elle a d'elle-même signifie désirer l'élimination de tout obstacle. Or il n'y a qu'un état où la vie est soustraite à tout empêchement – et c'est précisément la mort. Ne vouloir de la vie que son propre mouvement, c'est nourrir la nostalgie d'un temps, réel ou fantasmé, où ce mouvement, libre de toute résistance, jouait seul : c'est regretter la non-dualité, c'est aspirer au vide où tout est possible, c'est désirer régresser au non-être. Cela, Freud l'appelait « la pulsion » de mort (ou « principe de *nirvana* ») et, chose intéressante, il ne considérait pas cette pulsion de mort comme le contraire de la pulsion de vie, mais plutôt comme son secret le mieux gardé. Car si vivre, c'est seulement persévérer dans son être le plus possible (pulsion de vie), alors je ne vivrai pleinement qu'à condition d'être soustrait aux coups de l'existence – qu'à la condition paradoxale de n'être plus (pulsion de mort). Œdipe, chez Freud, n'est pas le nom de l'insurrection tragique de la vie face à la mort, comme il en va chez Nietzsche, mais celui d'une tentation, inscrite dans la vie, de tendre à un état antérieur à toute vie. Sa course n'est pas, comme chez les tragiques grecs, pour défier le destin, contre la sclérose de l'oracle, mais pour retourner dans le ventre de sa mère, en cet état où l'enfant, n'étant encore rien de ce monde, pouvait croire en être le centre[14].

Entre la pensée de la vie comme refus absolu de la mort et la sagesse qui, au contraire, voudrait les réconcilier, il y a donc une secrète complicité : car une vie qui ne se comprend qu'à partir de son propre déploiement, une vie qui refuse l'épreuve de la contradiction par laquelle elle meurt à elle-même, nourrira bientôt la nostalgie du non-être. « *N'être pas né*, rien que d'y songer, quel bonheur, quelle liberté, quel espace[15] ! » écrivait Cioran. « La vie humaine est impossible », parce qu'elle est jalonnée par la contradiction. Certes, mais il faut ajouter que la seule vie qui n'est pas impossible, c'est celle qui voudrait faire l'économie du réel : c'est la mort.

L'idée d'usage

Tel serait au contraire l'usage de la petite mort : comprendre petit à petit, et sans laisser la mort

14. Chez Freud, je veux originairement retourner dans le ventre de ma mère : tout désir est régressif, désir de retour à un état antérieur. Manger = téter le sein = retourner dans le ventre maternel = revenir à la matière inorganique. Le but est de ne plus souffrir de notre finitude, de notre limitation dans l'espace-temps. La pulsion vise un état de non-division, de non-individuation. Ce qui la travaille, c'est un désir inconscient que Freud nomme « narcissique », espoir toujours déçu d'accéder à une totalité de l'Être hors de toute castration. Dans un article de 1915 intitulé « Pulsions et destins des pulsions », Freud écrit : « La haine, en tant que relation à l'objet, est plus ancienne que l'amour ; elle provient du refus originaire que le moi narcissique oppose au monde extérieur » – en tant que ce monde est extérieur, justement, et qu'il interdit à l'individu de se croire total. Aussi, dans *Au-delà du principe de plaisir* (1920), Freud écrira-t-il : « le but de toute vie est la mort », établissant la primauté de la pulsion de mort sur la pulsion de vie.

15. Emil Cioran, *De l'inconvénient d'être né*, *op. cit.*, p. 31.

empoisonner la source de la vie, que l'entrée du désir dans le réel est certes pour lui une blessure, mais qu'elle est aussi, en même temps, *a blessing* (c'est-à-dire « une bénédiction »). C'est cette nouvelle amplitude de la vie que vise Blaise Pascal quand il demande à Dieu « le bon usage des maladies »[16]. Telle fut en effet sa prière : que la maladie qui le frappe soit l'occasion de plus grand qu'elle ; qu'elle soit accueillie par lui comme cette chose impossible qui rend possible autre chose, d'inattendu et de beau.

Nous parlerons d'« usage » quand une chose quelconque résiste à notre désir ou à notre intelligence de telle sorte que désir et intelligence doivent *faire avec*, ou à partir d'elle, en mourant à leur ambition première qui aurait été de faire sans elle. La maladie, impossible à désirer comme telle, appartient à la vie dont elle est une manifestation[17]. On ne doit pas plus désirer la maladie qu'on ne peut l'exclure. Ainsi, dans sa prière, Pascal ne demande pas la maladie comme telle, pour elle-même – mais seulement, donc, son « bon usage ». Il fait ainsi, à l'intérieur de la vie et à partir d'elle, une place pour ce qui n'est pas elle. Oui, « à partir d'elle » : Pascal ne demande pas à tomber malade. Il ne désire pas, par exemple, qu'une maladie lui soit donnée comme une épreuve qui le rapprocherait des souffrances de son Rédempteur. Quiconque, en effet, désire l'épreuve (ce qui

16. Blaise Pascal, *Prière pour demander à Dieu le bon usage des maladies*, in Œuvres diverses de Blaise Pascal, vol. III, Paris, Desclée de Brouwer, 1992, pp.965-1002.

17. Comme l'écrit Georges Canguilhem, dans *Le Normal et le pathologique*, la maladie « est une réaction généralisée à intention de guérison. L'organisme fait une maladie pour se guérir ». La maladie signale paradoxalement la vie.

n'a d'ailleurs pas été le cas de Jésus) ne désire en réalité que l'image qu'il se fait de cette épreuve et refuse ainsi par avance ce qui, dans l'épreuve, la constitue comme telle, à savoir : son caractère indésirable. Pascal ne désire pas que la maladie lui soit *donnée* comme une épreuve qui le rapprocherait des souffrances de son Rédempteur – mais seulement, et cela change tout, qu'elle lui soit *reçue* comme telle. En ceci consiste son « usage » – cet usage qu'on nommait jadis « mortification », et qui est moins un devenir-mort de la vie qu'un devenir-vie de la vie elle-même à travers ce qui, en elle, se refuse à elle.

Une âme brisée

Simone Weil étendait à toute douleur physique et morale la possibilité d'usage que Pascal espérait de sa maladie. « La douleur physique et morale sont des choses tellement bouleversantes pour l'âme ; et nous nous en interdirions *l'usage*[18] ? » demande-t-elle dans ses *Cahiers*, pour nous inviter à chercher s'il y a un usage possible de l'indésirable au cœur de notre vie. D'autant que, dans un autre cahier, elle note : « Une souffrance qui n'a aucun *usage* possible ce serait du mal pur[19]. »

Où Simone Weil a-t-elle trouvé cette notion d'usage ? Avait-elle conscience du sens à la fois précis et inédit qu'elle construisait au fil de notes éparses consignées

18. Simone Weil, *Cahier 18*, *Œuvres complètes*, t. VI, vol. 4, Paris, Gallimard, 2006, p. 374. Nous soulignons.

19. *Cahier 14*, *ibid.*, p. 183. Nous soulignons.

dans ses cahiers ? Avait-elle conscience de l'emprunt qu'elle en faisait à Blaise Pascal ?

Dans la description de l'usage qu'on peut faire des douleurs physique et morale, Simone Weil sera plus précise que Pascal. Ce qui advient par la douleur, c'est, selon elle, une brisure de l'âme en deux morceaux : une part de l'âme refuse la douleur tandis qu'une autre, mystérieusement, y consent. La première partie de l'âme est ce qui, en l'homme, est refus absolu de toute mort. C'est elle que Freud nomme pulsion de vie et que Simone Weil désigne comme « la partie sensible de l'âme ». Ce que révèle d'abord la douleur, c'est cette part de nous qui la refuse absolument. Un premier usage de la souffrance est de repérer ce qui, dans notre vie, est pure pulsion de vie, refus obstiné de toute contradiction. Aussi Simone Weil mentionne-t-elle « l'usage » possible « de la faim, de la fatigue, de la peur, de tout ce qui contraint impérieusement la partie sensible de l'âme à crier : Je n'en peux plus ! Que cela finisse[20] ! ». L'autre part, dite « spirituelle », ne crie pas. Elle semble tout entière consentement à la blessure, c'est-à-dire ouverture au réel.

Autrement dit, l'épreuve du malheur, en mettant à nu notre appétit radical de vivre ou, ce qui revient au même, notre refus obstiné de mourir, isole en même temps une part de l'homme qui est *pouvoir de renoncer au pouvoir*, faculté de mourir à soi. Si cette part prenait le dessus sur la part charnelle ou sensible de l'âme, nous dit Simone Weil, l'être tout entier ne serait plus qu'ouverture – c'est-à-dire : amour.

20. *Cahier 16*, *ibid.*, p. 253.

Qu'est-ce à dire ? Que signifie : n'être plus qu'ouverture ? Quel lien entre l'amour et le consentement à la mort ?

Pour le comprendre, et avant de nous intéresser à cette étrange faculté de consentir à sa propre mort, il nous faut d'abord observer cette autre part que la douleur a mise au jour : celle qui ne peut pas mourir à elle, celle qui n'y consent pas – cette part de l'âme que Simone Weil nomme « charnelle » ou « sensible ». Nous allons voir que le propre de la Modernité a été de n'entendre, dans la vie, que cette part de la vie qui est refus de l'impossible et de l'épreuve. Pourtant la question à se poser est celle-ci : est-elle, de l'âme humaine, la part la plus vivante ? Au premier abord, oui : elle est attachement à la vie. Mais aussi est-elle captive de cette vie. Elle aime vivre, mais non point la vie[21] : elle n'aime de la vie que l'indéfinie perpétuation de son propre mouvement, sans accueillir ce qui force la vie à s'ouvrir à plus qu'elle-même. Cette vie qui ne sait que vivre ressemble au condamné à mort qui, dans le *Dialogue des carmélites* de Bernanos, reproche à Gontran le détachement aristocratique que lui et les hommes de son rang affichent en entrant dans les dernières heures de leur séjour sur terre. « Les hommes de votre génération n'aiment pas la vie », dit le prisonnier. À quoi Gontran répond que là n'est pas la question, et que le plus sûr moyen de passer à côté de sa vie, c'est d'être tenu par elle : « Nous l'avons

21. Voir Rémi Brague, *Les Ancres dans le ciel. L'infrastructure métaphysique*, Paris, Seuil, coll. « L'ordre philosophique », 2011, pp. 71-72.

possédée, et c'est elle qui vous possède. Vous y tenez comme à une maîtresse qui ne s'est jamais déshabillée devant vous[22]... »

Le modèle inertiel

Cette vie qui ne sait pas mourir semble soumise à un mouvement inertiel. Le principe d'inertie tel que l'a formulé Galilée veut en effet qu'un mobile ne rencontrant aucune résistance persévère indéfiniment dans sa course. Ce rapprochement entre vie et mouvement inertiel est plus qu'anecdotique : du point de vue anthropologique, la Modernité a précisément consisté à penser le désir humain et, plus largement la vie, sur le modèle de ce principe clef de la physique galiléenne. Toute la philosophie, à partir de Hobbes, ne dira plus qu'une chose, dont chaque penseur s'appliquera, à sa manière propre, à tirer les conséquences éthiques et politiques : tout être fait continuellement effort pour persévérer dans l'existence, le plus possible, c'est-à-dire sans qu'aucun terme ne soit *a priori* fixé à son mouvement. Pour le dire autrement, la Modernité est fondée sur le refus de reconnaître en la vie autre chose que l'affirmation d'elle-même – tandis que l'usage de la douleur et de la contradiction nous révèlera une part de la vie qui n'est pas captive de la vie.

22. Bernanos, *Le Dialogue des carmélites*, Cinquième tableau, scène 2, Paris, Seuil, « Points », 1996, p. 132.

Mais d'où vient qu'on se soit mis à appliquer à l'homme, pour le comprendre mieux, un modèle emprunté à la science de la nature ? La chose est très fréquente en science : puisque connaître c'est remonter des effets visibles à leur cause invisible (par exemple, de la chute de cet objet, qui se voit, à la loi de la gravitation, qui ne se voit pas) ; puisque connaître c'est relier à une structure échappant aux sens les phénomènes sensibles qu'elle génère, il faut, pour se faire une image approchante de ces causes ou de cette structure, trouver ici et là des images dont on jugera ensuite la conformité par leur caractère plus ou moins opératoire. Ainsi Freud se servit du fonctionnement de la marmite et de la machine à vapeur pour rendre compte des interactions au sein de la vie psychique, comme on s'inspira du mouvement des planètes les unes autour des autres pour se faire une image de la structure de l'atome.

Or le modèle du mouvement inertiel est-il pertinent pour connaître l'homme ? Est-il un accès judicieux pour décrire la vie humaine dans son désir – voire toute vie dans ses mouvements ? Jugeons nous-mêmes : si l'homme est tel un mobile dont la course n'a pas d'autre limite qu'extérieure, si la vie humaine est en droit illimitée, alors aucun être ne possède la vie sans être en même temps possédé par elle, irrésistiblement entraîné par son mouvement. Dans la perspective qui est celle d'un mouvement inertiel, si le mouvement vital venait à s'arrêter, ce n'est nullement parce qu'il contiendrait en lui sa propre limite, mais seulement parce qu'il aura rencontré, dans le déploiement de sa course, ce qui en a freiné l'élan.

Deux choses s'ensuivent. D'une part, la mort ne pourra être conçue que comme un « mauvais choc », c'est-à-dire, que comme un événement externe à la vie. On comprendra ainsi la difficulté qu'éprouve l'homme moderne face à sa mort, même mûrie par les ans. D'autre part, le but de toute vie sera d'éviter que le mouvement vital soit jamais arrêté.

Tandis qu'Aristote pensait le désir comme finalisé, de sorte que, ayant été satisfait, il se contente de cette satisfaction, l'invention du sujet moderne consiste en une infinitisation du désir humain qui est, plus précisément, son *indéfinition*. Car si certes, pour un Grec, le désir satisfait s'arrête là, dans la jouissance de la fin visée, toutefois pour un Ancien tel que saint Augustin, il y a à la fois finalité et *infinité* du désir : Dieu fait à l'homme un « désir infini de l'infini », une soif inaltérable de Lui-même. Il y a donc trois façons de penser le désir : finalisé, il sera ainsi susceptible d'une pleine satisfaction chez les Grecs ; finalisé, il est pourtant infini pour les chrétiens ; enfin non finalisé, il sera indéfini chez les Modernes. Cette « indéfinition » du désir était certes déjà envisagée par la pensée chrétienne : quand le désir, au lieu d'être désir *infini* de Dieu, se caricature en désir des choses du monde, puisqu'il ne peut trouver en elles ce qu'il cherche ultimement (à savoir : Dieu), il cherchera sans cesse. Mais ce qui est pour un chrétien une perversion de l'infinité en indéfinition, est pour le Moderne la nature positive du désir : pour l'homme moderne, le désir crée sans cesse de nouveaux objets de désir sans qu'aucun de ceux-là ne puisse jamais le combler.

Il y a ainsi une autre différence majeure : pour un Grec ou un chrétien, le désir est causé en l'homme par son objet. C'est Dieu qui creuse en l'homme la faim que l'homme a de Lui. Pour un Moderne, le désir, n'ayant d'autre fin que la perpétuation de son mouvement propre, indexe lui-même ses objets : « Ce n'est pas parce qu'une chose est bonne que je la désire, écrivait Spinoza, mais elle est bonne parce que je la désire[23]. » En résulte une impossible coïncidence du désir avec son objet, le désir étant toujours à la fois en avance et en retard sur lui-même. L'homme moderne, parce qu'il est mesure de toute chose et de lui-même, porte avec lui sa ligne d'arrivée : sitôt posé quelque part, et même n'importe où, il ne sait s'il est enfin à sa fin ou s'il lui faut déjà repartir. Le paradoxe réside en effet en ceci que, puisque le désir invente son objet, à la fois cet objet lui correspond parfaitement (l'objet, procédant du désir, lui ressemble), à la fois il est inapte à lui apporter satisfaction (car en se dupliquant dans son objet, le désir y transporte son propre mouvement et rend cet objet toujours déjà décevant).

Hobbes fut sans doute le premier à avoir transposé le modèle inertiel en anthropologie. On lui doit, en tout cas, une image frappante de cette nouvelle économie du désir. Dans son *Traité de la nature humaine*, après avoir décrit la vie psychologique de l'homme, il écrit en effet :

> La vie humaine peut être comparée à une course, et quoique la comparaison ne soit pas juste à tous égards, elle suffit pour nous remettre sous les yeux toutes les

23. Voir Spinoza, *Éthique*, traduction de Charles Appuhn, Paris, GF-Flammarion, 1965, Troisième Partie, Proposition IX, scolie, p. 145.

> passions dont nous venons de parler. Mais nous devons supposer que, dans cette course, on n'a d'autre but et d'autre récompense que de devancer ses concurrents[24].

La métaphore est saisissante car elle exprime bien la perte de la « fin », au sens de terme et de but : la course où l'être humain est pris n'a d'autre sens qu'elle-même. En son sein, il n'y a pas de joie absolue (atteindre son but), mais seulement relative (surpasser un concurrent). Toutes les affections humaines peuvent être rendues par cette comparaison de la vie humaine à une course, mais au prix d'une réduction de celle-là à un mouvement strictement inertiel, c'est-à-dire aveugle, sans autre ni fin. Qu'est-ce que désirer pour Hobbes ? « S'efforcer ». Qu'est-ce que le plaisir ? « Se relâcher dans son effort ». Qu'est-ce que la haine ? « Être empêché dans cet effort ». Qu'est-ce qu'avoir du remords ? « Retourner sur ses pas ». Qu'est-ce qu'espérer ? « Être en haleine ». Qu'est-ce qu'aimer ? C'est, dans sa course, « serrer quelqu'un de près » et ajouter à son mouvement le sien. Qu'est-ce qu'être malheureux ? Se faire « dépasser par d'autres continuellement ». Le bonheur ? « Dépasser continuellement les autres ».

Enfin Hobbes conclut : « Abandonner la course, c'est mourir. »

---

24. Hobbes, *Traité de la nature humaine*, Première Partie, chap. IX, § 21, traduction du baron d'Holbach légèrement modifiée.

Physique et biologique

Avec l'extension du principe d'inertie à l'anthropologie, on assistait à une victoire de la physique sur la biologie – et, en un sens plus profond, de la mort sur la vie. Celui qui offrait auparavant à l'homme le modèle pour se lire, c'était Aristote. Or, comme on sait, Aristote était biologiste. La philosophie l'avait attrapé par l'étonnement qu'il éprouvait devant le mouvement de la vie : par quel miracle la graine devient-elle l'arbre qu'elle sera ? D'où vient que les êtres se déploient selon leur forme et leur ordre propres ? À l'enfant qui demande comment la graine fait pour devenir arbre, il faut, disait Chesterton, répondre carrément que c'est un miracle : « Un arbre produit des fruits parce que c'est un arbre magique[25]. » En effet : on sait décrire l'évolution, énoncer les conditions qu'il faut réunir à son effet. Mais de ce mouvement même, on ne sait dire rien de plus qu'il est tel, et non point autrement. On le croit normal ou nécessaire dans la seule mesure où il a cessé de nous étonner.

Or le miracle de ce mouvement ne réside pas seulement en son harmonieuse croissance, mais en ce que, atteignant son excellence propre, il commence aussi, discrètement, son déclin. Toute vie, nous dit Aristote, est génération, croissance et décroissance. La fleur, en sa floraison, cesse, à un moment mystérieusement donné, de pousser : quand, ouverte, elle s'offre au butinement des abeilles et, par sa beauté, aux regards des hommes, c'est aussi, si elle ne se fane avant, à la morsure

25. Chesterton, *Orthodoxie*, *op. cit.*, p. 84.

du froid qui la tuera. Ainsi chaque vie travaille à devenir ce qu'elle est par sa nature et selon son ordre propre, sans sortir jamais de l'horizon tracé à l'avance par son possible propre. Il y a, inscrite au cœur des vivants, en un repli secret de leur être, leur propre limite.

Comme l'écrit Heidegger : « Le bouleau ne transgresse jamais son possible. Le peuple des abeilles habite dans son possible. Seule la volonté s'organisant totalement dans la technique entraîne la terre dans la fatigue, l'usure et le changement artificiel. Elle contraint la terre à sortir du cercle proportionné de son possible vers ce qui n'est plus le possible et par conséquent est l'impossible[26]. » Autrement dit, quoique l'homme moderne ne cherche jamais que de l'illimité, lequel correspond à l'indéfinition de son désir, pour un Ancien, la limite, au contraire, habite la vie.

L'homme moderne ne croit pas qu'il y ait un ordre quelconque du monde. Mais quand on lui présente quelques cas moraux qui l'indignent, il s'écrie : « Il y a des limites, quand même ! » Un Ancien (grec, juif, chrétien ou hindouiste...) dirait : « Non, il n'y a pas des limites quand même. Il y a des limites d'abord[27]. »

---

26. Cité par Didier Franck, *Nietzsche et l'ombre de Dieu*, Paris, PUF, coll. « Epiméthée », 1998, p. 15.

27. Cf. Albert Camus, « L'exil d'Hélène » : « La pensée grecque s'est toujours retranchée sur l'idée de beauté. Elle n'a rien poussé à bout, ni le sacré, ni la raison, car elle n'a rien nié, ni le sacré, ni la raison. Elle a fait la part de tout, équilibrant l'ombre et la lumière. Notre Europe, au contraire, lancée à la conquête de la totalité, est fille de la démesure. Elle nie la beauté, comme elle nie tout ce qu'elle n'exalte pas. Et, quoique diversement, elle n'exalte qu'une seule chose qui est l'empire futur de la raison. Elle recule dans sa folie les limites éternelles et, à l'instant, d'obscures Érinyes s'abattent sur elle et la déchirent. Némésis veille, déesse de la mesure, non de la vengeance. Tous ceux qui dépassent la limite sont, par elle, impitoyablement châtiés »

Mais la physique aristotélicienne (physique au sens très large d'étude de la nature, car cette physique était une biologie) avait un point faible : elle déployait son intelligibilité du mouvement à partir du monde de la vie et négligeait par là l'étude du mouvement des corps inanimés – ce qu'on nomme aujourd'hui la physique, justement. Celle-ci intéressait fort peu Aristote, aussi lui appliqua-t-il le modèle du mouvement finalisé que lui inspirait la croissance des corps vivants. Tout objet, quel qu'il soit, fleur, oiseau, astre et ballon, va à son but, à ce qui est son « lieu propre ». La chose ayant trouvé son sol ne tombera pas plus bas.

C'est là que Galilée attaquera. Il montrera, avec le génie qu'on lui sait, que le mouvement des corps inanimés n'est pas finalisé, précisément parce qu'il obéit à une loi externe à son déploiement. Loi que Galilée parviendra en outre à mathématiser et qui sera celle du mouvement uniformément accéléré des corps dans le vide. Cette loi appartient parfaitement à l'horizon dessiné par le principe d'inertie en ce que, pour la penser, *il faut faire abstraction des contingences où viendrait s'inscrire ce mouvement.* S'abstraire de ces contingences, c'est en effet ce que fit Galilée pour vérifier l'hypothèse selon laquelle les corps, en chutant dans le vide, non seulement accélèrent, mais le font de manière uniforme (à tel écart de temps correspondra telle augmentation de la distance parcourue). Galilée construisit en effet un protocole expérimental (l'expérience du plan incliné) lui permettant d'isoler

(*L'Eté*, *Essais*, Paris, Gallimard, coll. « Bibliothèque de la Pléiade », 1963, pp. 853-857).

dans le mouvement des corps uniquement ce qui l'intéressait. Or cette exclusion de ce qui pourrait entraver le mouvement du mobile a son écho dans la formulation du principe d'inertie : « En l'absence d'influence extérieure, tout corps mis en mouvement perdure en un mouvement rectiligne uniforme[28]. » Le corps est ici pensé, comme le sujet moderne le sera désormais par les philosophes modernes, hors du monde et hors de lui-même : *hors du monde* dans lequel le mouvement se déploie mais dont il ne tire pas sa force et qu'il ne rencontre que négativement, quand il est dévié ou ralenti par une « influence extérieure » ; *hors de lui-même*, puisque le corps, conçu à partir de l'inertie comme *principe*, subit son mouvement.

Aristote et Galilée s'intéressaient donc tous deux au mouvement. Pour le second, le mouvement est ce qu'on observe quand le corps étudié est un mobile inerte lancé dans le vide ; pour le second, c'est ce que révèle le vivant dans les rapports internes qui le constituent (l'organisme) et les rapports externes qu'il lie avec son milieu. C'est l'ensemble des activités sensées par lesquelles il travaille

28. La formule complète à laquelle Newton était parvenu dans les *Principia mathematica* est la suivante : « Tout corps persévère dans son état d'immobilité ou de mouvement uniforme dans la même direction, sauf dans la mesure où il est contraint de changer cet état par des forces qui s'appliquent sur lui. » On remarquera que la persévérance du corps l'est aussi bien dans le repos que dans le mouvement, l'un et l'autre étant ici un même « état ». C'est que, en l'absence de mouvement finalisé, se mouvoir ou ne pas se mouvoir reviennent au même. En effet : si notre mouvement n'est pas tension vers quelque chose, on dira tout aussi bien que c'est l'objet duquel nous nous approchons qui s'approche de nous. Pour penser les mouvements dans un espace donné, tout dépendra désormais du point de référence choisi. Il n'est pas improbable que le relativisme contemporain ait son germe dans le choix du principe d'inertie comme modèle pour penser l'action humaine en ce que ce modèle implique la perte de tout référent.

à devenir ce qu'il est. Si l'on peut reconnaître que le modèle finaliste d'Aristote est de faible portée quand on l'applique aux mouvements des corps physiques, on doit en retour remarquer la pauvreté du modèle inertiel quand on l'applique au corps vivant : les mouvements d'un arbre, d'une abeille, d'un renard ne sont pas ceux d'une boule de billard. Qu'on le veuille ou non, l'activité d'un organe est finalisée et une cellule agit, non seulement *intelligiblement* (nous pouvons comprendre ce qu'elle fait…) mais *intelligemment* (ce qu'elle fait, elle le sait mieux que nous[29]). La vie d'une cellule n'est pas de persévérer dans son mouvement le plus longtemps possible, mais de faire ce qu'elle doit, d'accomplir avec succès la tâche qui fait d'elle une cellule. Et ce, s'il le faut, en contrariant parfaitement le principe d'inertie : dans *La Sculpture du vivant*, Jean Claude Ameisen[30] a montré que le corps organique tient sa forme du « suicide cellulaire », autrement nommé « apoptose ». Au stade embryonnaire, pour que quelque chose comme une main se dessine, il faut que des cellules fassent place et consentent à mourir : ce qui n'est d'abord qu'un moignon, par élimination de la chair superflue, laisse apparaître cinq doigts. De même plus tard, pour que l'œsophage ou le foie se renouvellent, tout en préservant

29. Raymond Ruyer, dans *Le Néo-finalisme* (PUF, Paris, 1952, rééd. PUF, 2012), écrit : « C'est parce que la vie est parole organisatrice, pensée en acte, que notre parole peut la dire, notre pensée peut la penser […]. Le biologiste essaie de se mettre par la pensée à la place d'une protéine globulaire, d'une molécule d'ADN, de la " double hélice ". Le physicien essaie de se représenter et de calculer les niveaux énergétiques d'un atome. Mais évidemment il n'y réussit pas parfaitement. La molécule sait ce qu'elle fait plus clairement qu'il ne peut l'imaginer. »

30. Jean Claude Ameisen, *La sculpture du vivant Le suicide cellulaire ou la mort créatrice*, Paris, Points, Science, 2014.

leur forme propre, il faut que des cellules cèdent à d'autres cellules. Sans quoi, c'est l'envahissement, la protubérance, la tumeur – ce à quoi le principe d'inertie condamnerait tous les corps si son domaine de validité s'étendait, comme on le croit, à la vie[31].

Le problème de Sartre, disait Raymond Ruyer, c'est qu'il n'a connu de flore que celle du café de Flore[32]. La vie n'a pas de sens, disait Sartre, elle est une poussée aveugle et indéterminée auquel l'homme « donne un sens », *a posteriori* puisque « l'existence précède l'essence », etc. À observer une fleur, pourtant, on voit qu'elle travaille à être ce qu'elle est. L'existence, chez elle, ne précède pas l'essence : elle est tension vers la coïncidence de l'une et de l'autre. Et on doit se réjouir que nos organes, ni nos cellules, ne soient existentialistes : tout le temps durant lequel ils accomplissent parfaitement leurs tâches respectives, ils nous offrent le luxe de proclamer et, par les mouvements précis d'une main étonnamment intelligente, d'écrire que la vie est absurde.

31. On peut voir chez Nietzsche la tentative pour penser l'organique sans sortir jamais du principe d'inertie (qui se nomme chez lui « hypothèse de la volonté de puissance ») quand il lit le corps vivant à partir de la métaphore politique d'une tyrannie de cellules sur d'autres cellules, d'instincts sur d'autres instincts, etc. Pour Nietzsche, l'ordre naît du désordre, de la lutte aveugle pour un surcroît de puissance, même à l'intérieur d'un même corps.

32. « Pour être vraiment et décidément athée, il faut, comme Sartre, détester la chlorophylle, et n'apprécier que les discussions politiques entre hommes conjurés dans une salle de café ou dans une salle de rédaction. Il faut ne s'intéresser à la flore qu'au café de Flore », Raymond Ruyer, *L'Embryogénèse du monde et le Dieu silencieux*, Klincksieck, coll. « Continents philosophiques », 2013, p. 19.

Conséquences

L'application du modèle du mouvement inertiel à la vie, cela donne : l'*endeavour* de Hobbes, le *conatus* de Spinoza, le vouloir-vivre chez Schopenhauer, le *survival instinct* de Darwin, la volonté de puissance nietzschéenne, la pulsion freudienne, etc. C'est-à-dire, à chaque fois, la réduction du mouvement de la vie à sa seule perpétuation.

Un jour, nous changerons peut-être de modèle pour lire l'homme et la vie. Nous oserons un nouveau paradigme. En attendant, ne serait-ce que pour commencer à nous en détacher, prenons pleine conscience de ce que ce modèle inertiel est, et de ce qu'il a fait de nous.

C'est par exemple Darwin, incapable d'interpréter l'évolution de la vie en dehors du modèle utilitariste et sur le mode de la sélection naturelle[33]. C'est aussi notre incapacité à penser un rapport au monde et à la nature hors de la perspective de son « aménagement », de sa violente domestication, en vue de l'élimination de tout obstacle, de toute limite. C'est notre désir, inconscient et puissant, de rendre possible une mobilité illimitée des corps et un déploiement des désirs particuliers toujours plus amples et rapides. C'est, en un mot, l'incapacité à

33. Pour une autre approche, voir Adolf Portmann, *La Forme animale*, traduit de l'allemand par G. Rémy, Paris, Payot, 1961 ; pour un résumé de la démarche d'Adolf Portmann : voir J. Dewitte, *La Manifestation de soi, Éléments d'une critique philosophique de l'utilitarisme*, chapitre I, « La donation première de l'apparence ou l'autoprésentation du vivant selon Adolf Portmann », Paris, La Découverte, coll. « Textes à l'appui », bibliothèque du m/a/u/s/s, 2010, pp. 31-43.

réfléchir autrement qu'en termes d'efficacité et de possibilité techniques.

Le politique sera lui aussi conçu sur ce modèle, dans les bornes étroitement fixées par les théories dites du contrat social. Le politique consistera désormais à rappeler que la liberté individuelle, en droit illimitée parce que sans contenu, s'arrête toutefois là où commence la liberté, illimitée elle aussi, d'un autre. La limite au déploiement indéfini des puissances sera alors conçue comme l'effet mécanique de l'entrechoquement qui oppose chaque force à toutes les autres. C'est la lutte de chacun contre tous qui, dans nos pays, prend la forme civilisée d'une guerre civile par avocats interposés[34], où chacun se sert du Droit pour affirmer son droit propre.

Le modèle inertiel, en formulant l'impossibilité pour une vie donnée de se limiter elle-même, contraint finalement à penser la vie comme une lutte pour l'existence. Non seulement, donc, ce modèle a réduit la vie à sa dimension purement captive d'elle-même, mais il a fait de tout autre vivant une menace pour elle. Dans la huitième proposition de la troisième partie de l'*Éthique* et dans sa démonstration[35], Spinoza écrit par exemple :

> L'effort par lequel chaque chose s'efforce de persévérer dans son être, n'enveloppe aucun temps fini, mais un temps indéfini. Si en effet il enveloppait un temps li-

34. Selon la formule de Jean-Claude Michéa, *L'Empire du moindre mal, Essai sur la civilisation libérale*, Paris, Climats, 2007, p. 41.

35. *Éthique*, III, Proposition VIII, Démonstration, *op. cit.*, p. 144.

> mité qui déterminât la durée de la chose, il suivrait de la puissance même par où la chose existe, cette puissance étant considérée seule, qu'après ce temps limité la chose ne pourrait plus exister mais devrait être détruite : or cela est absurde.

Si la limitation d'une puissance par elle-même est, conformément au modèle d'une force en elle-même illimitée, « absurde », il s'ensuit donc que « nulle chose ne peut être détruite sinon par une cause extérieure[36] ». Et puisque, toujours selon Spinoza, « Il n'est donné dans la Nature aucune chose singulière qu'il n'en soit donné une autre plus puissante et plus forte[37] », la vie sera essentiellement un jeu de stratégie[38] en vue de persévérer le plus possible dans son mouvement propre.

Quand on a privé la force vitale de l'horizon qui lui donne sens et limite, qu'on l'a isolée de ce devant quoi elle s'accomplit en s'abdiquant, quand enfin on a érigé en norme de toute chose l'individu en possession de ses droits, on voit mal en effet comment ce dernier pourrait avoir égard à autre chose qu'à lui, sinon dans les termes d'une composition de forces, c'est-à-dire, au mieux, d'un contrat. Jamais d'une confiance, d'une restriction volontaire de sa puissance, d'un consentement à ne pas occuper tout l'espace qu'on peut. Un tel renoncement à la puissance, inscrite au cœur de la puissance, est, pour reprendre le mot de Spinoza, « absurde ».

36. *Ibid.*, III, Proposition IV, p. 142.

37. *Ibid.*, Proposition IV, Axiome, p. 221.

38. Cf. Laurent Bove, *Les Stratégies du* conatus, *Affirmation et résistance chez Spinoza*, Paris, Vrin, 1997.

Voici donc la solitude de l'homme moderne, qu'il trompe par son agitation, par sa mobilité croissante et inquiète[39] : le phénomène d'accélération, qui fait lui-même l'objet d'études de plus en plus fréquentes et rapprochées[40], n'est-il pas la conséquence de l'illimitation de la force et de la perte d'horizon interne au désir ?

Deux mythes

Ce n'est pas seulement la physique aristotélicienne qui, à l'orée de la Modernité, fut trouvée obsolète et, avec elle, la valorisation de la limite comme telle, c'est aussi une certaine façon de raconter l'humanité. À un récit où la limite est partout au premier plan, de telle sorte que créer, pour Dieu, revient essentiellement à distribuer l'être de façon à ce que, partout, la relation soit possible (ce qui ne se peut sans la limite), on est passé à un récit où la limite est le problème à résoudre et où toute relation est d'abord comprise comme une menace. Dans la Genèse, Dieu distingue par leur limite les éléments, selon l'espace et le temps. Le pouvoir donné par Dieu à Adam de nommer les animaux et les plantes,

39. « - *Que mangez-vous, qu'écoutez-vous, que lisez-vous, où voyagez-vous ?* - De tout cela, je fais le minimum. Je ne voyage jamais. La fin de l'Histoire a entraîné le naufrage de la géographie. Les imbéciles seuls croient encore qu'ils voyagent. Généralement, il s'agit de *couples en crise*, comme tous les couples, et ils espèrent se réconcilier loin de chez eux. Mais ils ont toujours vécu loin de chez eux, même chez eux. C'est horrible », Philippe Muray, *Exorcismes spirituels III*, « Questionnaire », in *Essais*, Les Belles Lettres, 2010, p. 1348.

40. Voir, entre autres, Harmut Rosa, *Accélération. Une critique sociale du temps*, Paris, La Découverte, 2013 ; Nicole Aubert, *Le Culte de l'urgence. La société malade du temps*, Flammarion, « Champs essais », 2009.

c'est encore une façon de séparer les choses. Sommet de la Création : la création d'Eve, c'est-à-dire l'institution de la limite en Adam lui-même, afin d'y inscrire le manque et d'exprimer non seulement que Dieu est, en son être, relation, mais que toute relation est divine. Tout ceci, accentué par l'interdit de consommer le fruit, de le dévorer, interdit qui marque, s'il le fallait encore à ce stade de la narration, le choix de la relation contre la fusion : contrairement à ce qu'a fait croire le Serpent, l'interdiction n'est pas une limite au don de Dieu, mais le don par Dieu de tout, même de la limite. Aussi quand Dieu est « hors de lui », fait-il œuvre de contre-création, « les eaux deviennent déluge », sortent de leur limite : le ciel colle la terre que la mer submerge.

Face à ce récit, il y a le mythe de l'état de nature tel que Hobbes en a construit la fiction dans le *Léviathan* : chaque puissance, en droit illimitée, parce que non finalisée, se livre la guerre. Et seule une puissance plus puissante que les autres, un *conatus* supérieur, peut les mettre d'accord. C'est le bras armé du Léviathan : l'État moderne.

L'ironie est que ce mythe *devient* vrai. « Devient », car nulle part on aura vu l'homme isolé se mener une lutte sans merci pour sa propre survie. Partout l'ethnologie nous montre que le noyau communautaire est premier. Mais c'est peut-être là le destin des mythes de produire le réel dont ils sont le récit. Qui n'a remarqué qu'on était de plus en plus seul ? L'État-Léviathan a peu à peu détruit ou accompagné passivement la destruction de toutes les allégeances intermédiaires (les villages[41], les corporations, les églises, et bientôt les familles), de sorte que nous n'avons en effet plus que l'Etat pour nous protéger de nos voisins, devenus si inquiétants. La vérité de ce mythe apparaît aujourd'hui dans les récits post apocalyptiques. *La Route* de Cormac McCarthy saisit ce temps où il n'y a plus que des individus. Dès les premières pages, la situation de notre individualisme est saisie :

> Les cendres du monde défunt emportées çà et là dans le vide sur les vents froids et profanes. Emportées au loin et dispersées et emportées encore plus loin. Toute chose coupée de son fondement. Sans support dans l'air chargé de cendre. Soutenue par un souffle, tremblante et brève. Si seulement mon cœur était de pierre[42].

---

41. Il est intéressant de remarquer que Rainer Maria Rilke, dans *Le Livre de la pauvreté et de la mort*, situe l'impossibilité de mourir qui frappe l'homme moderne *dans la grande ville* : « Les grandes villes ne pensent qu'à elles-mêmes / et entraînent tout dans leur hâte dévorante… » (traduction d'Arthur Adamov, *op. cit.*, p. 29).

42. *La Route*, trad. F. Hirsch, Éditions de l'Olivier, 2008, p. 16. Hannah Arendt décrit, elle aussi, la condition de l'homme moderne comme celle d'un grain de sable dans un désert. Le totalitarisme n'est pas, selon elle, régression à un moment communautaire, mais « tempête de sable », agrégation subite des individus isolés dans un délire collectif, qui n'a rien de politique au sens noble du terme. Le totalitarisme suppose l'isolement des particules élémentaires que sont les individus modernes. S'il est un moment politique fort, c'est ce qu'elle appelle les *oasis* : l'amitié, la création, la prière… Les oasis, c'est-à-dire tout ce qui, contrairement à la psychologie, nous donne de vivre dans le désert sans nous réconcilier avec lui.

Écouter et parler : deux consentements à la mort

Ce détour par la conception anthropologique moderne nous était nécessaire pour comprendre ce qu'est la vie réduite à elle-même. La voilà en effet, la vérité d'une vie possédée par elle-même et voilà où elle nous mène : à l'État comme monopole de la violence physique légitime, c'est-à-dire à la gestion politique de la mort. On comprend, par ce détour, l'urgence de l'usage qu'on peut faire de ces « petites morts ». Celles-ci, en nous aidant à renoncer à n'être que vie, nous sauvent de la vie captive d'elle-même, de cette vie qui n'a, pour se protéger, que sa propre violence. La blessure de n'être pas tout est un bienfait. Un bienfait douloureux, sans doute :

> La blessure que nous sommes, notre infirmité native, celles qu'on peut saisir dans chaque regard ou dans chaque inflexion, nous sont absolument antérieures. Nous sommes déjà morts, nous le savons. Même les enfants le savent, et du reste ils en pleurent[43].

Ces mots de Philippe Lacoue-Labarthe racontent la mort qu'on porte en soi, depuis toujours. Leur beauté, pourtant, suggère presque que cette « infirmité native » n'est pas de bout en bout mauvaise. L'usage serait même d'y consentir en lisant en elle cette bonne nouvelle : par ma limite, à cause d'elle mais aussi grâce à elle, je suis *un*

43. Philippe Lacoue-Labarthe, *Phrase*, Paris, Christian Bourgois éditeur, 2000, pp. 107-108.

parmi les autres. N'être pas tout, c'est se réjouir que tu sois pour moi, et que je sois pour toi. Il est même des situations où moins je suis, plus je te donne d'être – et où un plein engagement auprès de toi coïncide avec un parfait effacement. Quand on écoute quelqu'un, par exemple, on n'est plus, le temps de cette écoute, qu'une oreille prêtée : on devient le passage pour que la souffrance de l'ami trouve enfin à se dire et sa vie à se raconter. On se fait vitre transparente : d'autant plus passage que ma petite personne fera moins obstruction. Preuve en est : si, au plus fort de l'attention, on se récupère, même si c'est pour envoyer un signe de cette écoute (se gratter le menton, plisser ostensiblement les yeux...), on la perd aussitôt. Être vraiment à ce qu'on me dit, c'est consentir, pour une part, à m'absenter à moi. C'est consentir à mourir.

« N'être qu'un intermédiaire entre la terre inculte et le champ labouré, entre les données du problème et la solution, entre la page blanche et le poème, entre le malheureux qui a faim et le malheureux rassasié[44] », écrit Simone Weil. Ce consentement à être le geste qui épouse sa tâche sans rien ajouter de lui, ce silence qui, dans la question posée, nimbe mes paroles pour laisser l'autre parler : cela est négation consentie de soi, qui est affirmation de toi. Simone Weil nomme ce retrait : obéissance. Le mot, étymologiquement, dit : « tendre l'oreille » (*ob-oedire*). Quand le compositeur entend la note que les autres notes appellent ; quand le mari offre à sa femme le cadeau qui convient – rencontre, en un

44. *Cahier 4*, *Œuvres complètes*, t. VI, vol. 2, p.124.

objet, de ce qu'elle aime et de ce qu'il aime d'elle ; quand l'attitude s'ajuste à la situation, alors il y a obéissance et, avec elle, quelque chose d'une grâce reçue : « Chaque créature parvenue à l'obéissance parfaite constitue un mode singulier, unique, irremplaçable de présence, de connaissance et d'opération de Dieu dans le monde. »

Ce qui vaut pour l'écoute qu'on accorde vaut aussi pour la parole qu'on prend : si, la prenant, on ne commence déjà à la rendre, si on ne meurt pas à soi quand on parle, alors on parle tout seul, on bavarde. Pour parler, il faut une bouche, mais il faut aussi deux oreilles. L'une prêtée à ce qu'on essaie de dire. L'autre qui se pose sur l'oreille de l'autre : parler vraiment à quelqu'un, s'adresser à lui, c'est écouter s'il m'écoute. C'est être attentif à son attention. C'est consentir à ce qu'il y ait, au cœur de ma parole, une part de silence.

La beauté

Cette mort à soi, qui est vie en relation à plus que soi, on la retrouve dans l'expérience du beau. Dans la contemplation de toute chose belle, on consent à être passage pour plus grand que soi. On consent à recevoir, mais sans pouvoir jamais posséder ce qu'on a reçu. Dans *La Critique de la faculté de juger*, Kant a ainsi montré que le plaisir esthétique a ceci de paradoxal qu'il est désintéressé : le plaisir est sensation qui accompagne le comblement d'un manque tandis que la beauté, de son côté, creuse le manque qu'elle comble, le laissant plus vide que jamais. Plaisir étrange, donc, que celui qu'on prend au beau en tant qu'il nous déprend de l'objet trouvé beau.

Je me souviens de l'expérience faite avec une classe de terminale section « Mécanique ». C'était un cours d'esthétique. Me revenait la lourde tâche d'initier ces jeunes garçons au beau, qu'on ne peut confondre avec le « bon », c'est-à-dire, ici, le simple agrément. Je leur annonce donc qu'en seconde partie de séance, nous écouterons une pièce de Vivaldi. Spontanément, ils me proposent d'autres titres, plus accrocheurs et plus à leur goût. Vient la pause. Petite surprise : j'ai sur moi un paquet de bonbons, que je leur distribue. Puis je leur fais écouter un *Nisi dominus*, le « *Cum dederit* » interprété par le contre-ténor Philippe Jaroussky. La musique emplit la salle de classe. Moment d'attention prêtée. On revient lentement à notre séance : quelle différence entre le plaisir esthétique et d'autres plaisirs ? Ils ne savent comment l'exprimer. Mais ils ont devant eux le papier d'emballage des bonbons que je leur ai distribués. L'emballage est froissé. Les bonbons, eux, ont été avalés, détruits. Assimilés. Ils ne sont « bons », ces bonbons, qu'à ce prix. La musique, elle, est partie, échappant à toute prise. Comme l'affirmait le musicien de jazz Eric Dolphy, quelques jours avant de s'en aller lui-même : « *When you hear music, after it's over, it's gone in the air, you can never catch it again*[45]. »

La beauté tue en moi ce qui est appropriation : elle découvre en mon être cette part spirituelle de l'âme qui est un pouvoir d'intérioriser joint à une impossibilité

45. Éric Dolphy, *Last Date*, Limelight Records, 1964.

d'assimiler. Je peux parler d'un tableau et le donner ainsi à voir tant ma fréquentation en a fait une chose mienne. Mais cette possession est sans possession : le tableau est toujours là où je l'ai vu, intact. On touche avec les yeux, sans abolir la distance, sans dévorer. « Le beau, écrit Simone Weil, est un attrait charnel qui tient à distance et implique une renonciation. [...] Le beau est ce qu'on désire sans vouloir le manger[46]. » Posséder la beauté, c'est la laisser être devant soi, c'est ouvrir sans refermer. Cette renonciation à prendre est la condition paradoxale à la faveur de quoi la chose nous est donnée.

La mort par corps

En ces moments d'accueil du monde et de l'autre, en son écoute ou sa beauté, en ces instants où l'amour est facile, on ne se rend pas forcément compte qu'on meurt à soi : la part sensible de l'âme, celle qui ne veut pas mourir, se tient spontanément en retrait, silencieuse. Elle ne se sent pas menacée, comme il en va dans la douleur physique ou morale. Car ce qu'ajoute la douleur, à travers l'usage qu'on peut en faire, c'est que cette mort à soi advient alors même que l'âme crie, qu'elle se révolte contre la disparition d'une partie d'elle-même – et qu'elle laisse ainsi entrevoir ce qu'il y a, en l'homme, même le plus spirituel, de viscéralement attaché à la vie. Si l'on revient au « bon usage des maladies » (Pascal) ou de la

46. Simone Weil, *Cahier 7*, *Œuvres complètes*, t. VI, vol. 2, *op. cit.*, p. 459.

douleur physique et morale[47], l'usage consisterait, selon les mots de Simone Weil, à « traiter la partie inférieure de l'âme comme un enfant qu'on laisse crier jusqu'à ce qu'il en ait assez et se taise[48] ». Il s'agirait selon elle de laisser la vie violemment vivante se dire jusqu'au bout, s'exprimer à fond, mais sans lui donner d'autre part que d'être ce cri, cette perpétuelle résurgence, cette insistance à exister – sans lui permettre donc de nous aliéner à elle. Il s'agirait de laisser éclater « ce qui en moi, avec divers accents de tristesse, d'exultation, de triomphe, de peur, d'angoisse, de douleur, et toute autre nuance d'émotion, crie sans arrêter " moi, moi, moi, moi, moi[49] " », mais sans céder à son appel, afin de devenir, peu à peu, autre chose qu'une vie têtue, obstinée, close, et tout en l'étant de toute manière. Patienter au cœur de la souffrance – ce qui ne signifie pas se rendre insensible à elle –, c'est faire dans le « moi » une incise pour qu'il lui arrive autre chose que soi. « Si on attache une chèvre, elle tire et tire, tourne en rond, tire encore, pendant des heures et des heures ; et enfin, épuisée, elle se couche. » Ainsi en sera-t-il si, au cœur de la douleur, on consent à elle : si, au cœur de l'impossibilité de coïncider avec soi (ce à quoi revient la douleur), on consent tout de même à elle. Car alors le « moi-moi-moi », protestation indéfinie de la pulsion de vie, cédera le pas à cette part de moi qui est blessure ouverte vers le monde.

---

47. « La douleur physique et morale sont des choses tellement bouleversantes pour l'âme ; et nous nous en interdirions l'usage ? » (*Cahier 18*, *op. cit.*, p. 374).

48. *Cahier 16*, *op. cit.*, p. 265.

49. *Cahier 16*, *Œuvres complètes*, t. VI, vol. 4, p. 265.

Ce rapport de force entre la part sensible ou charnelle de l'âme et la part, « spirituelle », qui est disponibilité au réel, peut tout aussi bien se nommer « combat spirituel ». Le combat spirituel n'est pas, comme on le croit, un combat de l'âme contre le corps, mais de l'âme contre une partie d'elle-même grâce au corps. Dans le combat justement nommé « spirituel », en ce que tout se joue entre deux tendances internes à l'esprit, le corps n'est pas l'ennemi à abattre : il est moins la cible du combat spirituel que son lieu. Il n'est pas ce que l'on doit domestiquer, mais l'instrument par quoi l'âme s'emploie à domestiquer la part d'elle-même qui n'est qu'affirmation de soi. La part spirituelle n'a pas directement prise sur la part sensible : comment du spirituel pourrait-il agir sur du spirituel ? C'est pourquoi le corps intervient. Tout combat spirituel déclare : « Que mon corps soit un instrument de supplice et de mort pour tout ce qui est médiocre dans mon âme[50]. »

L'épreuve, on l'a dit, divise l'âme en deux, comme le Christ est divisé au mont des Oliviers : il ne veut pas boire cette coupe, mais il sent que quelque chose en lui pourrait y consentir – enfin que ce consentement est amour. L'épreuve est donc un préalable au combat spirituel : « L'âme, écrit Simone Weil, doit avoir été divisée en deux avant qu'une partie puisse ainsi utiliser le corps contre l'autre[51]. » Car une fois rendue manifeste cette dichotomie de l'âme, la part qui, dans la vie, n'est pas possédée par elle, pourra user du corps comme d'un

50. *Ibid.*

51. *Ibid.*, pp. 264-265.

levier, afin de faire pencher l'être tout entier de son côté. Comment opère-t-elle ?

L'une des histoires que Simone Weil rapporte dans ses cahiers raconte ceci : un jeune homme vient chercher Hakuin, ce moine qui, au XVIIe siècle, raviva le bouddhisme zen. Son père est maladivement avare et son fils voudrait l'en libérer. Par l'intermédiaire de son fils, Hakuin promet au père un sou pour chaque récitation du nom de Bouddha. Le premier jour, le père vient demander trois cents sous, correspondant aux trois cents récitations qu'il a faites du nom de Bouddha. Le second, plus encore. Le troisième, bien plus encore. Le quatrième, il ne revient pas : la récitation avait eu raison de son attachement pathologique aux choses du monde[52]. La part spirituelle a piégé la part charnelle *via* un exercice corporel : la récitation continue du nom de Bouddha. Comme l'écrit Simone Weil : « Le corps est un levier par lequel l'âme agit sur l'âme[53] ». On peut penser ici à Pascal, à ce mot d'ordre qu'on a pu trouver terrible ou détestable : « Abêtissez-vous[54] ». Mais ce qu'il veut dire, c'est d'abord ceci : si tu veux te sanctifier, tu ne peux pas ne pas passer par le corps. C'est « en prenant de l'eau bénite, en faisant dire des messes » que le libertin se rendra Dieu plus sensible. C'est en travaillant la bête qu'on a quelque chance d'être un peu plus l'homme qu'on est appelé à être.

52. *Cahier 8*, *Œuvres complètes*, t. VI, vol. 3, p. 77.

53. *Cahier 16*, *Œuvres complètes*, t. VI, vol. 4, p. 264.

54. Cf. *Pensées*, 233 (édition Brunschvicg) ou 125 (édition Lafuma).

Finalement la vie religieuse n'est rien qu'une éducation physique de l'âme. *Ora et labora* dira la Règle de saint Benoît, la part orante de la vie spirituelle n'est rien sans celle laborieuse et labourante. « Quand le corps est cloué », comme il advient dans le travail répétitif de la terre, comme il advient plus simplement quand on se met à genoux pour prier, « la partie errante de l'âme [sa part charnelle] s'agite, mais malgré elle est toujours ramenée au corps, et finalement s'épuise et disparaît[55] ».

Le corps comme levier

Pourquoi toute cette discipline ? Parce qu'il y a un lien secret entre l'ouverture consentie au réel et la blessure qui m'y oblige. Si l'on saisit que l'impossible contre quoi l'on se cogne peut être l'une des voies qui sauve le moi humain d'une vie où il ne rencontre que lui-même, alors, en effet, comme le voulait encore Simone Weil, l'épreuve devient passage et nos croix indiquent finalement qu'il y a ici un chemin à prendre. L'impossible, si l'on parvient à en faire usage, n'est plus un mur : « Quand une contradiction est une impasse absolument impossible à contourner, excepté par un mensonge, alors nous savons qu'elle est une porte[56]. »

Bien sûr, c'est une porte étroite. Sans être pour autant arrêté, le mouvement inertiel s'y brise. Mais c'est une porte quand même. A condition toutefois de préciser

55. *Cahier 16*, *ibid.*
56. *Cahier 17*, *ibid.*, p. 317.

expressément *qu'on ne peut se donner à soi-même cette douleur*, mais seulement en faire l'usage. Aussi Simone Weil dit-elle qu'il n'est pas en nous deux âmes, l'une qui serait animale, et mauvaise, l'autre, éthérée et faite pour l'au-delà. L'âme est d'une pièce : elle n'est pas faite pour être ainsi divisée en deux par la douleur : « Cette division en deux de l'âme est une seconde douleur, une douleur spirituelle plus aiguë que la douleur physique qui en est l'occasion.[57] » Le choc de la douleur, physique ou morale, fracture ce qui était uni, ce qui signifie bien que nous ne sommes pas faits pour mourir. Mais c'est précisément parce que nous ne sommes pas faits pour cela que nous pouvons en faire usage. C'est dans l'exacte mesure où l'épreuve me résiste que je peux m'en saisir. Pour le dire encore autrement : c'est parce que la blessure est réellement infligée qu'elle est une percée possible vers autre chose.

Ainsi, quand Etty Hillesum dit que l'homme se construit en consentant à la mort ; ou bien quand on prononce avec le christianisme mystique le mot de « mortification », on ment souvent par omission : par l'omission du temps qu'il faut pour en arriver là. On ment par oubli de dire que c'est un long processus, et qu'on y sera pris sans l'avoir voulu, et que, quand bien même on y aurait trouvé une vie plus forte, on ne le souhaite à personne parce que toute mort est détestable et toute douleur à éviter.

57. *Cahier 16*, *ibid.*, p. 253.

« Il vaut mieux faire usage des souffrances que le sort inflige que de s'administrer la discipline[58]. » C'est logique : on ne peut devancer ce qui arrête la vie dans son déploiement (ce à quoi reviennent épicurisme, stoïcisme, « bouddhisme à l'occidentale », et avec eux toutes les disciplines ascétiques). Devancer l'obstacle serait s'arrêter trop tôt et, pour n'être pas arrêté par lui, l'être finalement. « L'extrême grandeur du christianisme, écrit encore Simone Weil, vient de ce qu'il ne cherche pas un remède surnaturel contre la souffrance, mais un usage surnaturel de la souffrance[59] » – entendu donc par cet usage ni le devancement du malheur (demander la maladie comme telle) ni son évitement (refuser toute épreuve), mais ce consentement par lequel on se laisse transformer par la chose dans la mesure même où on se heurte à l'impossibilité de la transformer[60].

---

58. Simone Weil, *Cahier 16*, *Œuvres complètes*, t. VI, vol. 4, p. 253.

59. *Cahier 8*, *Œuvres complètes*, t. VI, vol 3, p. 64.

60. Ce qui est vrai de la maladie et du malheur, l'est aussi du mal moral. Le mal qu'on fait est toujours scandaleux. Mais un scandale arrive parfois. Faut-il toujours le pleurer ? Oui. En souffrir ? Oui, et souvent on ne peut faire que cela. Faut-il pourtant mourir d'en souffrir ? Non. Là encore, c'est la troisième voie, qui fait usage du mal dans la mesure même où elle ne vise de lui aucune compréhension ni ne cherche en lui aucune compensation : « Il ne faut jamais chercher à du mal une compensation extérieure dans un bien, lié ou non à ce mal par une nécessité, qui le balance. Car on se prive ainsi de *l'usage* le plus précieux du mal, qui est d'aimer Dieu à travers le mal comme tel. » (*Cahier 7*, *Œuvres complètes*, t. VI, vol. 2, p. 464. Nous soulignons.) Il n'est pas ici le lieu de décrire ce que Simone Weil entend par « aimer Dieu à travers le mal comme tel ». Pour en savoir plus, voir *L'amour de Dieu et le malheur*, *Œuvres*, Paris, Gallimard, coll. Quarto, 1999, pp. 691-716.

On a commencé ce livre à reculons : refuser la mort, jusqu'au bout.

Mais cheminer tout de même, sans rien refuser de la vie et des épreuves qui la constituent, intimement : avancer pour découvrir la mort comme constitutive de toute relation, de tout amour. Car que dit l'amour ? Ceci : ce que je ne suis pas, ce qui donc réclame que je meure à moi-même, c'est ce que toi, tu peux être pour moi. Car si j'occupe tout l'espace, où t'accueillerai-je ?

Primo, donc : je ne peux pas mourir. *Secundo* : je ne peux pas faire que vivre. Or, *tertio*, il est un usage possible de l'impossible. Usage qui conduit à l'ouverture de la vie sur plus qu'elle-même, à l'amour comme consentement à mes propres morts : je ne peux vivre sans vous, mon autre et mon prochain, sans vous qui êtes pourtant ma mort.

Toutefois, ces petites morts dans la vie qui, consenties, se nomment amour, ces morts de la vie à ce qui, en elle, est affirmation autistique de sa puissance, ne sont pas encore la mort en son sens littéral et définitif. Elles ne sont pas encore la mort physique, celle qui approche chaque jour et par laquelle tout pouvoir d'action, jusqu'à l'usage même que j'en pourrais avoir, me sera enlevé.

D'elle, que faire ? Pourra-t-on jamais user de la mort, non en ses occurrences dans la vie, mais en son caractère total et définitif ?

III

Mourir

Mourir à notre vouloir-vivre pour ne pas mourir de lui : voilà ce qu'a mis au jour l'usage de ce qui, à l'intérieur de la vie, en contrarie le déploiement. Notre question sera donc désormais celle-ci : si l'on peut faire usage de nos petites morts, partielles, est-il toutefois possible de faire usage de la mort elle-même – de celle qui nous retirera jusqu'à l'usage qu'on en pourrait avoir ? Si l'impossible (la contradiction qui habite chaque désir) révèle la vie à elle-même en l'ouvrant à un réel qu'elle ne comprend pas mais qu'elle peut ainsi apprendre à aimer, se peut-il alors que l'impossible par excellence, notre mort, soit finalement l'ouverture parfaite – le don de la vie à elle-même dans le plus grand amour ? Si la petite mort me sauve d'une vie qui se boucle sur elle-même, alors la grande mort, point final et de non-retour, dont l'événement est de n'être qu'un enlèvement, cette mort n'est-elle pas elle aussi, elle surtout, l'avènement à une vie d'autant plus parfaitement donnée qu'elle sera plus radicalement déprise d'elle-même ? Autrement dit, existe-t-il un passage de la petite à la grande mort ? Appartiennent-elles toutes deux à une dynamique commune : celle qui voudrait que, le grain mourant, il porte enfin son fruit ?

Il nous faut serrer de plus près encore cette dynamique des petites morts afin de voir si la mort ultime s'y inscrit, de telle sorte que par elle aussi, ce qu'on aura perdu nous sera enfin donné – quoiqu'il s'agirait alors du don le plus fou : celui de notre vie elle-même.

Cela s'appelle : ressusciter.

Posséder par la dépossession

L'usage de la petite mort a laissé apparaître une structure dont la vie a fait son propre. Nous avons en effet remarqué que, quand la vie ne cherche plus à s'appartenir à tout prix, elle reçoit davantage qu'elle n'est. C'est quand je meurs à moi comme te possédant que je te reçois. Et la beauté, avons-nous dit, ne se goûte que dans et par le renoncement à la faire sienne : si je veux posséder la belle mélodie, elle tournera dans ma tête comme un lion en cage. Je ne peux la posséder qu'en la laissant libre de porter en moi son écho, libre aussi de se perdre dans l'air une fois le concert terminé ou le disque achevé.

La posséder ainsi, sans prise sur elle, c'est découvrir en l'homme une intériorité qui n'a rien de spatial ou d'organique, c'est entrevoir un lieu où il est possible de recueillir sans assimiler. Quand je mets en mots un tableau du Caravage maintes fois contemplé, quand je récite un poème ou quand je pense à toi, j'aperçois que j'ai en moi ce tableau, ce poème et ton être que, pourtant, je laisse subsister hors de moi. Je vous contiens, sans avoir eu besoin, pour cela, de vous absorber. L'animal, en moi, est ce qui se rapporte au monde en le mangeant : ce dont l'intériorité est strictement corporelle. Mais le tableau n'est pas usé par le regard qui, à force d'attention, a creusé cette place d'où l'on peut en parler. Le poème n'est pas ôté du monde par celui qui l'apprend par cœur. Et toi que j'aime, tu es pour moi d'autant plus hors de moi que je te porte en moi.

Étrange possession en effet, qui n'advient qu'à condition de donner à l'être possédé la pleine mesure de lui-même : je laisse la musique aller au bout d'elle-même, une oreille prêtée à ce que je devine des suites de la mélodie, une autre peu pressée de la reconnaître afin de la laisser être ce qu'elle est. Une oreille anticipe la suite des notes, une autre consent à ne pas le faire, pour se laisser surprendre. « Voilà ce qui nous arrive dans le domaine musical », constatait Nietzsche :

> il faut avant tout *apprendre à entendre* une figure, une mélodie, la reconnaître à l'oreille, la détacher, l'isoler et lui reconnaître une vie propre ; mais ensuite il faut encore de l'effort et de la bonne volonté pour la *supporter*, en dépit de son étrangeté, et user à son égard de la patience, de la tendresse pour tout ce qu'elle a de singulier ; – vient enfin le moment où nous y sommes *habitués*, où nous l'attendons, où nous sentons qu'elle nous manquerait s'il arrivait qu'elle fasse défaut.

On accueille comme telle la contingence (« l'étrangeté ») de la chose, afin qu'un jour elle puisse nous devenir nécessaire (« elle nous manquerait s'il arrivait qu'elle fasse défaut »). Or, continue Nietzsche,

> ce n'est pas seulement en musique qu'il nous arrive ceci : c'est de cette façon que nous avons *appris à aimer* tout ce que nous aimons. Comme si nous finissions toujours par être récompensés de notre bonne volonté, de notre patience, de notre équité, de notre douceur à l'égard de l'étranger, en ces moments où l'étrangeté lentement quitte son voile pour s'offrir à nous dans une beauté indicible et neuve : – telle est sa *gratitude* pour notre hospitalité[1].

Le texte de Nietzsche se conclut par ces mots : « L'amour aussi doit s'apprendre. » Il faudrait même dire : aimer, c'est, par définition, « ce qui doit s'apprendre », et toujours à nouveau. L'amour est en effet l'aptitude à se déprendre de ce que l'on attendait pour obtenir de l'être désiré, non point seulement ce qu'on désire de lui, mais ce qu'il est au-delà de ce désir. Paradoxe de l'accueil, avons-nous dit : *on ne reçoit que ce qui ne nous appartient pas*. Et l'on perd au contraire ce qu'on cherche à capturer : les touristes prennent en de nombreuses photos la ville qu'ils oublient alors de regarder. Les spectateurs filment en intégralité le concert dont ils s'absentent dans la triste mesure où ils voudraient ne pas le laisser échapper.

1. Nietzsche, *Gai savoir*, § 334, traduction (modifiée) de Pierre Klossowski, Paris, Gallimard, 1982, p. 223.

Mourir à la prise qu'on a, c'est donc m'ouvrir à toi : à toi la lune, le soleil, la femme et l'enfant, la musique et le moment présent. C'est tout perdre d'abord, pour le recevoir maintenant. Tout perdre pour recevoir : car tant que je me rapporte à l'être de mon désir sur le mode de la possession, je le restreins à ce que j'en peux obtenir. Si au contraire je laisse l'être aimé exister pour lui-même, jusqu'à consentir à ce qu'il existe indépendamment de la jouissance que j'en pourrais tirer, alors il revêt la plénitude de ce qu'il est. Il faudrait aimer ainsi l'ami parti à l'autre bout du monde, sachant qu'il y est heureux et quand bien même ce bonheur serait cause que nous ne nous voyions plus. Et l'aimer ainsi, de sorte qu'on aura, à son retour, des bras parfaitement ouverts : l'un parce qu'on n'a pas cessé d'espérer le revoir ; l'autre bras parce qu'on n'a jamais essayé de le retenir, ayant refusé de réduire l'ami à l'ensemble des rapports qui nous liaient à lui.

Laisser Dieu

C'est Dieu même qu'on ne reçoit qu'à condition de le libérer du lien qui l'attache à soi. Certes, on peut devenir croyant parce qu'on a su, un jour, quel égard Dieu avait pour chacune de ses créatures dont celle que je suis. Mais il faudra aller plus loin, et laisser Dieu être au-delà de ma relation à Lui, si bienfaisante soit-elle, afin de lui dire, comme saint Ignace de Loyola dans sa prière : « Donne-moi seulement de t'aimer » – de t'aimer toujours, même quand je ne sentirai plus la chaleur de ta bienveillance. Sinon, l'athéisme reviendra. Car l'athée mesure l'existence de Dieu aux effets qu'elle a dans sa vie : quand la nuit spirituelle arrive, quand le malheur advient, tout se fait réfutation de l'existence de Dieu. À l'inverse, le croyant ou « le fidèle », qui alors portera bien son nom, traverse cette nuit : il refuse de mesurer l'existence par la présence. Comme l'athée, il connaît la nuit. Il n'en conclut pas pour autant que Dieu n'existe pas. Il pressent quelque chose d'injuste dans la logique de l'athée : si Dieu existe, se dit l'athée, il doit exister par rapport à moi, eu égard à mon existence. Mais reconnaître l'existence d'un être suppose au contraire de lui accorder ce droit d'être pour lui-même, indépendamment de la relation qu'on entretient à lui. Ayant de l'existence une conception trop pauvre (« si tu existes, tu ne peux exister que par rapport à moi »), limitée par l'attachement, refusant à Dieu d'être plus que ce qu'il imagine qu'Il est, l'athée en conclut que Dieu n'existe pas. Jamais il ne se laisse dire Dieu. Et moins encore si Dieu se dit, tel qu'à Élie, dans le « fin bruissement d'air » ou, comme le Christ, dans le silence intense du bébé qui dort dans la mangeoire ou de l'homme épuisé qui meurt sur la croix.

Jamais il n'envisage que Dieu pourrait être caché. Or l'amour pudique et prévenant qui, comme l'esprit sur les eaux, embrasse sans étreindre, se pose sans s'imposer, touche sans appuyer, existe autant et mieux que ce faux amour, insistant, tapageur, et qui se vante sans cesse du lien qu'il tisse autour de la personne aimée. Certes, on ne sait pas l'existence de Dieu, directement. Mais, après avoir libéré Dieu de soi-même (ce que Simone Weil nomme dans le texte qui suit : « foi négative »), on se met à comprendre que « notre pouvoir de saisir n'est pas le critérium de la réalité, mais au contraire est trompeur » :

> La foi. Croire que rien de ce que nous pouvons saisir est Dieu. Foi négative. Mais croire que ce que nous ne pouvons pas saisir est plus réel que ce que nous pouvons saisir. Que notre pouvoir de saisir n'est pas le critérium de la réalité, mais au contraire est trompeur. Croire enfin que l'insaisissable apparaît néanmoins, caché[2].

Caché, donc, comme l'amour qui se donne sans fanfaronner. Caché mais bel et bien existant : ce n'est pas parce qu'on ne jouit pas d'une chose qu'elle cesse d'être. Le paradoxe étant que, savoir cela et y consentir, savoir que je ne suis pas la mesure de Dieu et y trouver ma joie, c'est alors posséder Dieu dans ce qu'Il est : d'abord, parce qu'alors on le laisse être ce qu'Il est, on lui offre de nous surprendre ; ensuite, parce qu'Il est lui-même celui qui nous laisse être ce que l'on est – et que l'imiter, en refusant de le limiter à nous-mêmes, c'est déjà connaître qui Il est. Dire à Dieu : « Sachant que tu es, je n'ai plus besoin de rien ! », c'est se souvenir que sans doute, dans la joie de nous créer, Dieu a dit de nous la même chose.

2. Simone Weil, *Cahier 6*, *Œuvres complètes*, t. VI, vol. 2, p. 318.

La prière et l'amitié

Tu n'es mon *ami* que parce que je sais, et que tu sais que je sais, que tu es plus que *mon* ami. Ton existence est pour moi un bienfait, non parce qu'elle m'est un bienfait, mais parce qu'elle est ton existence : voilà ce qui advient dans l'amitié véritable, non certes immédiatement, mais finalement. *Non pas immédiatement* : comme le chantre de l'amour libre, je peux croire aimer d'un amour *agapè*, dépossédé, celui que je laisse parfaitement libre, libre même de me quitter ; alors que m'interdire d'abord toute jalousie et toute possessivité, ce n'est pas écrire l'histoire de l'*éros* qui devient *agapè*, c'est brûler le livre où cette histoire devait s'écrire. *Mais finalement* : il n'y a de relation véritable qu'au prix de cette conversion de la possession en accueil. La relation véritable à Dieu s'appelle la prière :

> Celui qui prie vraiment le sait ; et celui qui n'a pas prié vraiment, il l'a peut-être appris en priant. Il a eu une certaine chose fort à cœur, une cause a pris à ses yeux une grande importance, il lui a importé de bien se faire comprendre de Dieu, il a craint en priant d'omettre quelque chose, et, s'il l'avait oublié, il a craint que Dieu ne s'en souvienne peut-être pas tout seul : c'est pourquoi il a voulu se recueillir pour prier avec une réelle ferveur. Et que lui est-il arrivé, quand il priait avec cette ferveur ? Une chose étonnante lui est arrivée : à mesure que sa prière est devenue de plus en plus fervente, il a eu de moins en moins à dire, pour rester à la fin dans un silence complet. Il est devenu silencieux et, chose qui, si

> possible, s'oppose à la parole encore plus que le silence, il est devenu capable d'écouter. Il a cru que prier, c'est parler ; et il a appris que prier, ce n'est pas seulement se taire, mais écouter. Et il en est bien ainsi : prier, ce n'est pas s'écouter parler, mais en venir à se taire, à demeurer dans le silence et l'attente jusqu'à ce que l'on entende Dieu[3].

La prière libère le croyant de son angoisse en libérant Dieu du croyant lui-même. Comme il en va quand, décidant de ne pas faire peser sur les autres l'inquiétude qui nous obsède, nous nous en trouvons tout à coup plus légers : le centre est déplacé, de la personne que je suis et qui s'inquiète, à cet autre qui n'en sait rien et m'invite par là, sans même qu'il le sache ou le veuille, à ne pas projeter sur la totalité du monde l'ombre de mes soucis. On se fait si spontanément siphon ! Le noir que l'on broie engloutit dans son petit abîme l'univers entier. Mais l'enfant vient à moi, me sourit et m'offre de jouer avec lui : le monde est plus grand que le souci que j'en ai.

De même que la relation commence par la possession et devient plaisir pris à l'existence de l'autre, de même la prière s'enracine dans la supplication mais fleurit dans la dépossession : que Tu sois Dieu, mon Dieu, cela suffit.

---

3. S. Kierkegaard, traduit par Paul-Henri Tisseau et Else-Marie Tisseau-Jacquet, *Œuvres Complètes*, vol. XVI, p. 299, cité *in* Flemming Fleinert-Jensen, *Aujourd'hui - non pas demain ! La prière de Kierkegaard*, Lyon, Olivétan, 2016, pp. 14-15.

Le détachement rend toutes choses éternelles

À Antonio Atarès, prisonnier politique espagnol, Simone Weil peut ainsi offrir le plus beau cadeau qui soit : non pas telle ou telle chose, périssable comme les fleurs, consommé comme des bonbons, mais une faculté nouvelle et imprenable de recevoir toute chose. Elle lui partage cette manière paradoxale de recevoir une chose dans la mesure précise où on ne se l'assimile pas, où on la rend à elle-même :

> Cher ami,
> Il fait ici un temps merveilleux ; il y a des flots de lumière sur la mer et les arbres se couvrent de feuilles. Je suis heureuse de savoir que tu trouves de la joie à regarder les montagnes. Tant qu'on a des choses telles que la mer, les montagnes, le vent, le soleil, les étoiles, la lune, le ciel, on ne peut pas être tout à fait malheureux. Et même si on était privé de tout cela et mis dans un cachot, savoir que toutes ces choses existent, qu'elles sont belles, que d'autres en jouissent librement doit toujours être une consolation[4].

C'est même plus qu'une simple consolation, c'est l'assurance de ne jamais perdre ni les étoiles, ni le vent, ni le soleil : la joie que je prends à eux à travers celle d'autrui, nul ne peut me la ravir, parce qu'elle n'a pas son siège en moi. Il en va de même pour cette joie que j'ai de l'existence des étoiles, de la lune, des montagnes, parce

4. Lettre du 20 avril 1941.

que je sais leur existence au-delà de la jouissance que, moi, j'en ai. « Les biens de ce monde, écrit encore Simone Weil, sont comme des fleurs qui n'ont leur parfum et leur beauté qu'autant qu'on ne les cueille pas[5]. » Cela pourrait ressembler au détachement bouddhiste, à ceci près que, pour ne pas s'attacher aux choses du monde, pour cesser ainsi de souffrir, Bouddha pensait le monde comme une illusion. Tandis que, ici, non seulement le détachement rend toutes choses plus réelles que jamais, mais, ce faisant, il nous donne à travers elles la joie douloureuse d'aimer.

« J'ai vu l'or et la pluie / Sur les forêts d'automne / Les jardins alanguis / La vague qui se cogne. / Et je sais, sur mon cou / La main nue qui se pose / Et j'ai su, à genoux / La beauté d'une rose » Ainsi chante Barbara[6], affirmant qu'elle pourrait tout aussi bien mourir aujourd'hui : celle ou celui qui sait la beauté du monde, jusqu'à savoir qu'on ne la possède pas, sait alors que ce que le monde a de meilleur lui survivra. D'autres que moi, après ma mort, verront l'or et la pluie, sentiront la main nue et comme il est doux de se mettre à genoux. La saveur de la vie qui tant de fois a fait notre joie, se tient offerte aux hommes qui viendront à notre suite, pour peu seulement qu'ils y soient attentifs. Rien, par notre mort, ne lui sera ôté. Certes, il faudra tout laisser, ce clair de lune au-dessus de la ville, le calme de la nuit tombée, la chaleur de cet enfant au creux de nos bras. « Il y a, écrit Simone Weil, autant de sacrifice, de renoncement, au fond de la

---

5. *Cahier 6*, *op. cit.*, p. 365.
6. *A mourir pour mourir*, in *Barbara chante Barbara*, Philips, 1964.

joie qu'au fond de la douleur », parce que « dans la joie intense et pure », on consent à ce que « tout le bien [soit] dans l'objet[7] ». Mais en consentant à tout laisser, on accepte que l'objet de son amour soit plus grand que cet amour – on rend l'aimé à lui-même, on en jouit jusque dans la séparation.

Le monde n'entre pas dans notre tombe. Et notre mort n'est pas une fin du monde. Cela signifie quelque chose de plus : si nous acceptons que nos moments d'éternité nous survivent, alors nous survivons en chaque instant d'éternité. Je suis dans la joie de l'homme qui, longtemps après ma mort, exultera d'être père, car cette joie, je l'ai connue, je l'ai goûtée. « C'est le détachement qui rend toutes choses éternelles[8]. »

À la racine du mal

Si, à la pointe de la vie pleinement reçue, il y a le détachement, à l'inverse, la racine du mal est peut-être de vouloir prendre une chose avant qu'elle ne nous soit donnée. C'est en tout cas la racine de toute violence. Celle-ci n'a pas la patience du détour par la liberté de l'autre : elle n'a pas le sens de la grâce de l'autre. Être violent, c'est agir sur toi sans ton assentiment. C'est, par le vol, arracher des mains et, dans le viol, forcer l'intimité, profaner le temple que tu es. La violence ne supporte pas que l'autre se refuse, parce qu'elle ne

7. *Cahier 16*, *Œuvres complètes*, t. VI, vol. 4, p. 269.
8. *Ibid.*, p. 323.

supporte tout simplement pas que l'autre soit autre, et qu'il puisse ainsi se donner en prenant le temps qu'il lui faudra. « Le mal, disait Tertullien, c'est l'impatience du bien[9]. » Le mal n'est pas, comme on croit, de refuser le bien, mais sa temporalité propre : c'est devancer le don avant qu'il s'accomplisse et forcer une grâce qui, par essence, ne se force pas.

C'est par exemple, par cette quantité d'alcool avidement consommée, aux dépens de tout partage, se donner l'ivresse que l'on ne goûte pourtant pleinement qu'à la faveur des rencontres heureuses et de la fête qui se forme autour d'elles. Le mal c'est, par le sexe et la débauche, c'est dans l'étreinte avide, se donner l'intensité d'amour dont le cœur humain a soif mais qui, qu'on le supporte ou non, demande le temps et la distance, les mots et les épreuves vécues ensemble, bref : tout ce qui fait qu'il y a entre nous une histoire et qu'elle sera d'amour. C'est encore, par le *shoot* d'héroïne, arracher l'extase divine dont tout bonheur est la promesse et se retrouver, le lendemain, avec un manque plus criant que jamais.

À la racine de tout péché, il y a l'amour désiré et l'impatience de le recevoir. Il y a l'amour et sa mainmise.

La mort et la grâce

L'usage des petites morts dévoile ce qu'on pourrait appeler une économie de la grâce : ce dont l'épreuve m'a

9. Tertullien, *La patience*, Paris, arléa, 2001, p. 38.

dépossédé, ce que je n'ai pas prévu, ni voulu, ce qui donc ne m'appartient plus, je peux le recevoir. Car on ne peut recevoir que ce dont nos mains sont vides. La grâce exige un homme libre, en ce sens de la liberté qu'on oublie trop souvent et qui affleure quand par exemple on demande : « Es-tu libre demain soir ? », c'est-à-dire : « Es-tu *disponible* ? » La liberté, *en un premier sens*, aujourd'hui le plus admis, c'est faire ce que l'on veut, quand on veut. C'est le libre consentement. Ce peut être aussi, *en un second sens*, moins moderne et plus proche des Grecs, faire ce pour quoi l'on est fait : quand, en l'arbre déployé, son existence coïncide avec son essence, il y a liberté. Être libre, ce sera enfin, *au sens politique* : être soi-même dans son autre, évoluer dans un monde qu'on reconnaît comme son pays. Mais pour percevoir avec justesse ce que l'on veut (premier sens de liberté), ou bien ce que l'on est (second sens), enfin la Cité que l'on veut bâtir (troisième sens), il faut d'abord être libre au sens de la disponibilité : être assez désencombré pour discerner l'appel et poser dans le monde le geste qu'il faut.

L'économie de la grâce s'entend à partir de la disponibilité : quand je suis libre de l'objet que je désire, ou bien libre de moi-même dans mon rapport à lui, il peut m'être donné.

Cette disponibilité, le franciscanisme médiéval la nommait justement par un terme qui a été, jusqu'alors, très cher à notre réflexion : l'« usage ». Dans la revendication des disciples de saint François à vivre dans – et de – la « Très Haute Pauvreté », ceux-ci refusaient d'avoir, des choses de ce monde, une possession totale, c'est-à-dire qui s'étendît à l'*abusus* (entendu par « abus », l'aliénation ou la destruction de l'objet possédé). *User* des biens de ce monde, cela signifiait lier un rapport à eux qui n'allât jamais jusqu'à ce qu'on connaît aujourd'hui avec l'aménagement technique des ressources et leur épuisement. User, c'était le contraire d'utiliser : c'était prendre comme on emprunte, sans refermer la main, ni croire qu'on est ici-bas propriétaire de quoi que ce soit. Prendre sans s'y laisser prendre.

Comme le rapporte Giorgio Agamben, dans *De la très haute pauvreté*, cette notion d'usage n'a pas été sans poser problème et a entraîné de passionnants débats juridiques et théologiques. Car manger, n'est-ce pas déjà un tribut qu'on paie à l'*abusus*, à l'assimilation à soi de la chose à quoi l'on se rapporte ? Sans doute. Il ne faut pas se croire l'ange quand on doit quotidiennement nourrir la bête qu'on est. Il ne faut pas avoir l'âme plus grande que le ventre. Mais ce qu'on peut toujours, par rapport à ces choses qu'on possède en mordant dedans, c'est ne jamais les tenir comme autant de choses dues. Ce qu'on peut, c'est se rappeler qu'on les reçoit de plus loin que soi.

« Dans mon pays on remercie » écrivait René Char : il faut habiter un tel pays parce qu'il n'est pas d'autre façon d'habiter le monde tout entier. Habiter un pays, c'est savoir que sa terre nous fut donnée, qu'elle est un don, et non un dû. Le paradoxe est, en effet, qu'on ne pourra y demeurer (au sens spatial de l'habitation, comme au sens temporel du temps qu'on y passera) qu'à se souvenir qu'on y est seulement de passage. C'est au contraire l'assurance avec laquelle on a pris possession de la terre qui finira, à force de crises écologiques, par nous en déloger.

Dans ce pays où « on remercie », dans cette « très haute pauvreté », l'usage prime donc l'utilisation. On ne vit ni par l'activité folle d'une production effrénée, ni dans la passivité de celui qui critiquera cette production, tout en étant bien content de se mettre à table. Dans ce pays, on vit dans ce mélange d'action et de passivité qu'on appelle « l'action de grâce », laquelle consiste à recevoir activement (« action ») toute chose comme un don (« ... de grâce »). Comme l'écrit Kierkegaard : « Le demandant dans sa prière, le chrétien sait que le pain quotidien lui *vient de Dieu.* » Si cela ne change rien au pain, cela change totalement la façon dont le chrétien s'y rapporte : « Un petit cadeau, continue Kierkegaard, un rien venant de la bien-aimée n'a-t-il pas de même une valeur infinie pour l'amant[10] ? »

Fort comme la mort (Maître Eckhart)

Si donc, d'une part, aimer, c'est laisser être une chose pour elle, ou bien savoir que la jouissance que j'ai d'elle ne m'est jamais ni acquise, ni due ; si d'autre part mourir, c'est être empêché de toute jouissance et laisser le monde aller sans moi ; alors peut-être y a-t-il un lien entre l'amour et cette mort ultime qui nous enlèvera tout.

10. S. Kierkegaard, *Discours chrétiens, Les soucis des païens,* traduit par P.-H. Tisseau, Delachaux & Niestlé, 1952, p. 26.

Dans le sermon intitulé « *Fortis est ut mors dilectio*[11] » (« L'amour est fort comme la mort », phrase tirée du *Cantique des cantiques*), Maître Eckhart explore ce lien entre l'amour et la mort. Évoquant Marie-Madeleine, le mystique rhénan déclare :

> Et encore que beaucoup de grâces et de vertus doivent être célébrées en elle, pourtant c'est avant tout l'amour ardent et extrême envers le Christ qui a brûlé en elle si inexprimablement, et s'est manifesté avec une telle puissance que, par son activité, il peut être à juste titre comparé à la mort sévère.

Pour Maître Eckhart, amour et mort ont ceci de commun qu'ils nous retirent les biens corporels et spirituels tels que, d'ordinaire, on les « utilise » (le mot est récurrent sous sa plume). L'amour opère cette désappropriation si l'on y consent ; la mort, quant à elle, l'imposera qu'on le veuille ou non – mais le vouloir, c'est lire dans notre mort future la trace en creux de notre vocation à aimer.

Voici le raisonnement de Maître Eckhart et la façon dont il met en place l'analogie entre la mort et l'amour. « La mort, écrit-il, ravit à l'homme toutes les choses périssables, en sorte qu'il ne peut désormais les posséder ni les utiliser comme il faisait jusqu'à présent. » Il en va de même avec ces choses spirituelles grâce auxquelles le sage, peut-être désapproprié des choses matérielles

11. Nous utiliserons la traduction de Paul Petit, Paris, Gallimard, « Folio Sagesses » 2015.

(« périssables », dit le texte), trouvait toujours à se consoler : par la mort, seront aussi enlevées la prière et la dévotion. Enfin la mort « fait sortir l'homme de toute récompense et de tout mérite qu'il pourrait encore gagner. Car après la mort il ne peut plus désormais se rapprocher, fût-ce de l'épaisseur d'un cheveu, du royaume du ciel : il s'en tient à ce qu'il s'est déjà acquis ».

Or, ravir l'homme aux biens matériels d'abord, spirituels ensuite, et jusqu'à la perspective d'une récompense quelconque, c'est là ce qu'opère, dès notre vivant, l'amour. Du moins s'il pénètre dans le cœur et le corps de l'homme assez parfaitement, ce qui ne se peut que s'il imite la mort, que s'il devient lui-même une mort « si violente qu'elle le tue réellement et ne le rend pas seulement malade ». En effet,

> il y a certaines gens qui prennent assez longtemps conseil d'eux-mêmes avant qu'ils se résolvent à se renoncer entièrement pour l'amour de Dieu. Car souvent ils font bien comme s'ils voulaient donner leur moi et mourir, et pourtant ils font de nouveau demi-tour et se hâtent de rechercher encore un petit profit personnel.

Mais au contraire, il faut, pour Eckhart, dès à présent, mourir d'amour, pour ne pas avoir à mourir de soi.

Ce qui menace ces hommes qui ne veulent pas mourir à eux-mêmes jusqu'au bout, c'est en effet l'enfer. L'enfer ? Dans le sermon d'Eckhart, l'enfer est attitude par laquelle on satisfait son désir en se saisissant de son objet – sans attendre, donc, qu'il nous le soit donné. L'enfer, c'est croire le monde entier à la portée de ma prise. C'est le réel réduit aux petites lubies de ma petite personne. On comprend aisément ce que Maître Eckhart veut dire : celui qui érige son désir en norme de toute chose (cela s'appelle une obsession) vit en enfer.

L'enfer, dirons-nous, c'est refuser la contradiction inhérente à tout désir : c'est omettre de passer par la porte étroite. C'est pourquoi, comme il est dit dans les Évangiles, les riches en sont plus aisément captifs : à cause de leurs richesses, ils pourraient bien à la longue ne rencontrer plus autre chose que leur propre désir et son insatiabilité. Dans *La Traversée de l'en-bas*, Maurice Bellet écrit : « L'argent pur, c'est le pouvoir de dire à l'autre : fais ça, viens, donne ; c'est-à-dire le pouvoir d'être enfin seul au monde, avec ses envies[12]. » Cela est l'enfer, et pas seulement pour celui dont on nie alors l'altérité. L'enfer est la prostitution du monde à mon caprice. L'enfer n'est pas un état d'impuissance à agir, mais la négation toute-puissante du réel. L'enfer, c'est, comme dans les représentations médiévales, être enchaîné, certes, mais à soi : *curvatio in se ipsum*.

Rejoignant une longue tradition théologique, Maître Eckart nomme cela « mourir une mort éternelle ». Or face à cela, il y a le refus d'utiliser le monde, de le plier à la petite perspective de ma vie : il y a l'amour qui m'ouvre à lui. Il y a une mort salvifique, qui est renoncement à « utiliser ». Cette mort doit arriver avant la mort physique : par l'amour, poursuit le sermon, l'homme « ne possède ni n'utilise plus rien seulement en considération de lui-même et ne bouge plus aucun membre pour son

12. Maurice Bellet, *La Traversée de l'en-bas*, *op. cit.*, p. 144.

utilité et sa volonté propre, intentionnellement ». Le corps, mourant par amour à l'utilisation des biens matériels, est ainsi rendu disponible à plus grand que lui, c'est-à-dire aux biens spirituels (prière, dévotion, « saint commerce avec Dieu ») – lesquels, cependant, doivent aussi être l'objet du détachement. Car les biens spirituels remplissent tellement l'âme qu'ils attachent plus sûrement l'homme au désir de posséder que ne le font les biens matériels. Aussi, dit Maître Eckart, « si l'amour est réellement " fort comme la mort ", il opère en *second* lieu ceci : qu'il contraint l'homme à se désister et à prendre congé aussi de toute consolation *spirituelle* ». Par amour, on laissera tout, et on ne sera plus enchaîné infernalement à rien – car sans doute y a-t-il une gourmandise des choses spirituelles qui est, elle aussi, clôture sur soi (et comme l'a montré notre première partie, la haine spirituelle de la vie, cela existe).

> Ah ! Dieu ! se plaint alors Maître Eckhart, qui pourrait jamais venir à bout de cette tâche s'il n'était contraint par l'amour même à T'abandonner et à se dépouiller de Toi pour Toi. [...] Car, Seigneur, Te posséder [...] est meilleur que tout ce que le monde a jamais offert, ni n'offrira jamais, depuis le commencement jusqu'au Jugement dernier !

Or il faudra aller plus loin encore, et renoncer, par amour pour Dieu, à ce trésor même dont Dieu est la promesse : la vie éternelle. C'est l'ultime étape : « Quand l'homme renonce aussi à *la vie éternelle* et au trésor de l'éternité, à tout ce que, d'aventure, il pouvait autrefois recevoir de Dieu et de ses dons, en sorte qu'il ne le prend plus expressément et de propos délibéré comme but, pour soi et pour l'amour de soi-même », alors la disponibilité est parfaite.

N'ayant plus aucun but, j'y suis. Où ? Ici et maintenant. Je suis en ce corps par lequel le monde se donne à moi. Je suis à mon âme, disponible à recevoir ce qui se tient au-delà du monde. Je suis dans l'éternité. J'y suis, car je ne cherche plus à l'être. Le drame de l'homme, disait Pascal, c'est que, cherchant à être heureux, il est inévitable qu'il ne le soit jamais. Le drame du croyant, de même, c'est son participe présent : cherchant à être à Dieu, il court vers Celui qui, pourtant, est déjà là, à fleur de son être. C'est pourquoi quand, par amour, l'homme est détaché de tout, il devient assez vide pour être empli : son aspiration vers Dieu se fait aspiration de Dieu, au sens quasi mécanique d'une attraction provoquée par la création d'un vide. Dieu vient irrésistiblement habiter l'âme disponible.

Per speculum in aenigmate

Empruntons à notre tour le chemin que propose Maître Eckhart. Mais remontons-en le cours : dans l'optique qui est la nôtre, il ne s'agit pas tant de comprendre l'œuvre de l'amour à partir de l'événement de la mort, ainsi que Maître Eckhart le propose magnifiquement, que de saisir l'événement de la mort comme l'occasion, pour l'amour, de réaliser sa plus grande œuvre.

Dans le sermon dont nous venons de rendre la trame, Maître Eckhart nous donne de l'amour une intelligence des plus profondes, à l'aide de ce qu'est la mort : l'amour, dit-il, aussi violemment que la mort, extrait l'homme de l'utilisation de tous ces biens (matériels, spirituels, et jusque la vie éternelle) qu'on ne peut que recevoir. L'amour, pour opérer le détachement à la faveur duquel l'homme reçoit ce qui ne se possède pas, doit donc être « fort comme la mort », laquelle, qu'on le veuille ou non, réalisera ce détachement. Cette comparaison (« fort comme ») n'autorise-t-elle pas à penser la mort et sa violence (nous extraire à toute utilisation possible) comme l'événement par où s'accomplit ce que l'amour cherche ? Si l'amour achevé est fort comme la mort, la mort, en nous achevant, n'a-t-elle rien de la puissance de l'amour ? Ultime dépossession, la mort n'a-t-elle pas ce pouvoir, comme il advient par l'amour, de nous offrir la vie à la mesure exacte où nous sommes devenus incapables de toute captation ?

L'amour, qui est une jouissance sans possession, advient à la faveur d'un détachement qui, de notre vivant, ne saurait jamais être que partiel. Il n'y a qu'un moment où nous renoncerons parfaitement à tous les biens, matériels, spirituels, et jusqu'à la vie éternelle elle-même : c'est l'heure de notre mort. C'est donc en elle que se réalise ce à quoi l'amour tendait depuis le début : posséder la totalité de l'objet aimé, parce qu'on le reçoit d'ailleurs.

Ressaisissons, en effet, ce que nous avons dit jusqu'à présent : la petite mort nous apprend à nous déprendre de ce que, sans cela, on ne ferait que consommer.

Consentie, elle est la place qu'on cède, nous enseignant qu'on ne peut jamais recevoir que ce dont on s'est d'abord dépossédé. Nos petites morts ne sont donc finalement que des visages de la grâce aperçus, selon la formule de saint Paul, « *per speculum in aenigmate* » : en miroir et par énigme[13]. On croit perdre par elles, mais à la fin on y gagne. On croit mourir quand cette mort, justement, nous rend plus vivants que jamais.

Une fois mise au jour cette bouleversante économie de la grâce, l'espérance s'y faufile et atteint cela même que nous ne pouvons ni penser, ni vouloir : notre mort physique et définitive. Puisqu'il faut des mains ouvertes et désappropriées pour recevoir, la mort physique, ultime et radicale dépossession de soi, apparaît soudain comme la condition de la grâce la plus folle, celle d'une vie absolument redonnée. Car tandis que toutes les autres déprises (les petites morts auxquelles je consens, et desquelles je peux faire usage) gardent quelque chose de volontaire, et par là *gardent prise*, la mort physique m'est, quant à elle, absolument infligée. Contre elle, je ne peux rien. En elle, je ne peux plus. Désappropriation totale, sans usage possible, elle pourrait bien être ce par quoi la logique de l'usage (perdre pour recevoir) s'achève et s'accomplit.

À petits dessaisissements, petites grâces. À dessaisissement total : grâce parfaite.

Autrement dit, quand ma vie ne m'appartiendra plus, elle pourra m'être absolument redonnée.

Je pourrai ressusciter.

---

13. 1 Co 13, 12.

Confié

Mourir, c'est dire silencieusement : Toi, ce réel contre qui, par une part de moi-même, je luttais en y déployant coûte que coûte ma vie, mais à qui, par une autre part, plus ténue sans doute mais toujours plus offerte, je cédais par le consentement à n'être pas tout – eh bien, toi, tu peux maintenant disposer de moi.

Le réel à quoi tantôt je me fermais, tantôt je m'ouvrais, peut maintenant devenir le tout de ma vie. Si vivre, on l'a vu, c'est offrir prise à la blessure ; et si la blessure est ouverture au réel ; alors, quand la blessure aura détruit tout ce qui reste en nous de résistance, sans que nous ne puissions plus lui opposer aucun refus ni lui apposer aucun consentement, le réel sera tout en nous.

Ma mort physique, justement parce qu'elle est une mort totale, sans retour possible, apparaît donc comme ce moment où je ne fais plus écran au réel – moment, donc, où je me reçois tout entier de lui, instant paradoxal de ma pleine « réalisation ».

Sous quelle forme ? Sera-ce une absorption dans le réel ? Non : ce sera une résurrection, ma résurrection, ta résurrection. Car d'abord, le réel serait-il réel s'il était le lieu d'un anéantissement ? Ensuite, si ce qu'ont exigé de moi les petites morts, c'est un amour plus grand, un accueil plus fou de ce qui vient, n'est-il pas envisageable de lire les événements de notre vie à partir de l'amour – de sorte que l'ultime déprise le sera aux bons soins de quelqu'un ? Car enfin, si c'est au réel que je m'ouvre, mais seulement pour m'y dissoudre et m'y anéantir, en quoi y a-t-il seulement ouverture ? En quoi la perte mesuret-elle encore la possibilité d'un don ? Tout ce que l'usage des petites morts nous aura donné deviendrait lettre morte : la vie irait de pertes en pertes – oubliant par là que nos pertes, une fois consenties, sont occasion d'une vie plus densément donnée.

Être dépris de soi, totalement, c'est dépendre d'un autre, absolument. Mourir, c'est se confier à toi (sans qu'on sache d'avance qui est ce « toi »). Cet autre répondra-t-il de nous ? Comment le croire ? Car, contre toute foi hâtive, il faut remarquer que rien n'est plus contraire à sa propre disparition qu'une recréation ou une résurrection. Mais justement : ce que cette disparition appelle d'elle-même, c'est son contraire. Dans notre vie, par exemple, rien n'est plus opposé à la détresse, physique ou morale, que la bienveillance ; et rien ne s'oppose plus à la désolation que la consolation. Pourtant, c'est justement cette détresse et cette désolation qui rendent possibles la bienveillance et la consolation qui en répondent. Il en va de même avec la mort : cette totale et scandaleuse abolition de soi, à la fois rend absurde la perspective d'une résurrection, à la fois en rend le geste plus urgent que jamais. C'est un geste fou, inconcevable. Mais il ne l'est pas moins que la mort, à laquelle il répond. La mort, tout inconcevable qu'elle est, n'en reste pas moins réelle : ne peut-on dire la même chose de la résurrection, dans la mesure exacte où elle est ce qui lui répond ?

« À petits dessaisissements, petites grâces ; à dessaisissement total : grâce parfaite », avons-nous dit. Allons plus loin, et osons dire : à petite détresse, l'aide humaine suffit ; mais à l'absolue détresse de celui qui meurt, il faut une réponse absolue. Il faut une résurrection.

Pour le dire encore autrement : parce que la mort est un parfait dessaisissement de soi, elle appelle à elle la perfection du ressaisissement – c'est-à-dire rien moins que le Salut. Comme le dit Jacques Ellul : « La mort est le moment où je cesse de pouvoir m'opposer en étant par moi-même – c'est-à-dire, c'est le moment où je ne puis être que par la grâce de Dieu[14]. » En devenant par ma mort un vivant qui cesse d'être, en participant à cause d'elle au scandale d'une vie qui, toute vivante qu'elle est, en vient pourtant à mourir, j'appelle sur ma personne une réponse absolue. En mourant, je deviens à Dieu la sommation d'être Celui que tout homme espère qu'Il est : un Dieu qui répond à mon cri, même si c'est le cri silencieux de l'homme que j'étais et qui, à l'instant de sa mort, comprend qu'il pourrait ne plus jamais parler. La mort, en me privant de tout, même du pouvoir d'y consentir, comme l'amour par le vide en moi qu'il crée, précipite Dieu à mon chevet :

> Ce n'est pas tant le néant qui est terrible, que le fait de devenir un objet, et de savoir qu'on va être un objet entre les mains des gens. Au moment où l'on nous met dans un cercueil, on est un objet quelconque aux mains des autres. Vous n'y pouvez rien. Mais il faut se rappeler que, devenant objet entre les mains des autres, cela veut dire que vous devenez objet entre les mains de

14. Jacques Ellul, *Mort et espérance de la résurrection*, Lyon, Éditions Olivétan, 2016, pp. 68-69.

> Dieu. Vous ne pouvez plus dire à Dieu : « Oui, mais moi je… » Et c'est cela l'élément à la fois terrible et positif[15].

Ainsi, comme l'usage des petites morts le suggérait, il y a un lien profond entre mort et grâce. La mort, physique, absolue, celle dont on ne peut faire usage, est ce dont un autre que moi fera usage. Si cet Autre faisait de moi ce que j'espère qu'il fera, s'il me rendait à ce qu'il y eut de meilleur en ma vie, il répondrait à ma mort par ma résurrection. Le fera-t-il ? La perspective de la mort est, pour reprendre Ellul, à la fois terrible et bonne – les deux, car s'il ne s'agissait pas de se déprendre parfaitement (cela est terrible), il ne s'agirait pas non plus de se recevoir entièrement d'un Autre (cela est bon). « C'est une chose terrible que de tomber entre les mains du Dieu vivant », dit la Lettre aux Hébreux[16]. Soustraite à tout usage, ma mort devient l'affaire d'un Autre. Et c'est paradoxalement cela que nous apprenait, dans notre vie, l'usage des petites morts : à nous offrir sans crainte, à nous abandonner à d'autres mains, à consentir à ne pas avoir de toute chose la maîtrise. Ainsi donc, la mort, l'impossible par excellence, la fin de tout usage, révélera ultimement le secret de l'usage que nous faisions, en notre vie, de l'impossible.

Quel est ce secret ? Il tient en trois mots : Dieu est Père.

---

15. *Ibid.*, p. 180.
16. He 10, 31.

Le Père

L'incroyable que l'impossible mort rend soudain crédible, c'est que Dieu est Père. Car qu'est-ce qu'être père ? C'est répondre de son fils, quand le fils se perd et se met à crier. C'est en répondant à l'appel du fils que l'homme devient père. Le père qui laisserait tomber le fils parce qu'il ne le comprend plus, ne l'entend plus, ne s'entend plus avec lui, a-t-il jamais été père ? Le père aime son enfant d'autant plus que son enfant s'est plus perdu. Le père du fils prodigue ne se reconnaît certes plus dans ce fils qui lui revient sale, malodorant, prostitué au monde – mais il ne cesse pourtant pas de répondre de lui. Au contraire : ce fils épuisé est devenu un cri que le père prend sur lui.

Comme le fit Jaïre pour sa fille. Jaïre accourt à Jésus pour sa fille mourante, laquelle est morte quand Jésus arrive auprès d'elle. Jésus, renvoyant ceux qui pleurent, entre dans la maison, prend la main de la fille de Jaïre et dit : « *Talitha koum* », « Enfant, lève-toi ». Jésus prononce cette phrase parce que lui, le Fils, comprend, pour la première fois peut-être en cet instant, ce que c'est pour un père de perdre son enfant. « *Talitha koum* » : en prononçant cette parole, Jésus comprend qu'un jour, son propre père la prononcera pour lui. Le Dieu que Jésus vient révéler aux hommes est, comme Jaïre, un père qui répond au cri de son enfant. Et quand, dans sa Passion, Jésus ira douloureusement vers sa mort, il trouvera en cette pensée de quoi le relever pour aller jusqu'au bout : lui aussi, lui d'abord est l'enfant à qui son père dit « *Talitha koum.* »

À la toute-impuissance du Fils répondra la toute-puissance du Père.

Le tact de Dieu

Mais si tout cela était vrai, ne serait-ce qu'un peu, pourquoi Dieu n'use-t-Il pas de cette toute-puissance dès cette vie, en vue de nous arracher à toute mort ? Jésus lui-même est traversé par cette question. Au mont des Oliviers, tétanisé par l'angoisse de mourir, il disait : « Abba, Père, puisque rien ne t'est impossible, éloigne de moi cette coupe[17] ! »

C'est que cette toute-puissance, Dieu, librement, refuse d'en user contre notre gré, aux dépens de notre liberté. Tant que l'homme peut vouloir, tant que l'homme peut quelque chose, ne serait-ce que consentir, ou même simplement se résigner, Dieu limite son action sur nous. Il y a une discrétion de Dieu, lequel laisse à notre discrétion la conduite de notre vie et l'usage que nous faisons de nos épreuves. Dieu s'arrête au seuil de notre liberté. L'inspiration du nouveau-né, l'expiration du mourant : notre vie est entre deux souffles, lors desquels Dieu retient sa respiration. Dieu est, des hommes, non le maître qui dirige tout, mais le discret compagnon. « Le maître intérieur », disait saint Augustin.

Aussi, tant qu'il y a de la vie, donc de la liberté, la grâce divine incline-t-elle l'homme vers Dieu, sans jamais l'y contraindre. Mais quand nous mourrons, alors

17. Mc 14, 36.

Dieu pourra être ce qu'Il est, sans profaner notre liberté. Il pourra enfin se révéler à nous comme le Père de la Vie. Laissant là sa délicate prévenance, Il nous prendra la main et nous sauvera du néant. Faisant taire son silence prudent, Il répondra à notre parole coupée par l'appel à quitter notre tombeau. Il nous empoignera, comme on voit le Christ, dans l'iconographie russe, empoigner Adam et Ève pour les sortir des Enfers.

Les parents le savent : quand l'enfant n'est qu'un bébé, ils doivent être tout pour lui. Dès lors qu'il grandit, ils se retirent délicatement devant une liberté qu'ils peuvent conseiller, certes orienter, stimuler même, mais jamais anéantir. De même pour nous : la naissance nous a confiés à la puissance bienveillante de nos parents ; puis il nous est revenu de faire usage de notre liberté ; enfin la mort nous confiera à la toute-puissante bienveillance de Dieu[18]. Comme le dit encore Jacques Ellul :

> la mort est le dessaisissement de moi. [...] Il n'y a donc rien d'autre que l'action de Dieu pour moi et je ne puis que tout remettre à sa grâce, alors que de mon vivant, quelle que soit ma foi et ma volonté de me remettre à

18. Se cacher l'impossible qui nous confie à Dieu, ou croire qu'on en viendra par nous-mêmes à bout (l'utopie politique veut rayer le mal de la terre ; l'utopie médicale entend éliminer la souffrance, voire la mort...), c'est colmater les brèches par où passe la grâce. Non que ces brèches soient bonnes. Mais elles sont. Et la grâce passe par elles. Il faut tout faire pour vaincre la mort. Mais il faut aussi savoir que ce « tout » qu'on peut faire contre elle est peu de chose, et qu'à forcer les dimensions de ce « tout faire », on arrivera certes à une vie plus longue, mais aussi plus médicalisée ; on arrive de même, pour vaincre le mal, à un État plus efficace, oui, mais sans doute trop présent. Il faut faire tout son possible, mais on ne fera jamais que lui : que nous le voulions ou non, nous mourrons. Et à ce moment-là, nous découvrirons que « rien n'est impossible à Dieu ».

> la grâce, il n'empêche que, parce que je suis vivant, je suis un centre autonome de décision, et j'agis par mes propres moyens : la grâce [de Dieu] n'est jamais la seule motivation de mon être[19].

Mourir, c'est rejoindre en conscience la petite enfance d'où nous provenons : c'est n'être plus qu'un cri vers le Père, auquel répond le cri du Père : « Enfant, lève-toi ! »

Enfant

Pour accepter la perspective de la résurrection, c'est-à-dire qu'il existe une réponse radicale à cette déprise radicale qu'est la mort, il faut donc faire mémoire de notre vulnérabilité première. Il faut se souvenir que, dès le début, notre vulnérabilité nous a confiés à d'autres que nous. Nourrisson dans les bras d'une mère, nous trouvions cela évident, principiel, premier, comme si nous savions alors, d'un savoir avant tout savoir, que l'être humain tient tout entier en cet amour qui le tient, que son être repose sur ce en quoi il peut reposer.

> Il y a depuis la petite enfance jusqu'à la tombe, au fond du cœur de tout être humain, quelque chose qui, malgré toute l'expérience des crimes commis, soufferts et observés, s'attend invinciblement à ce qu'on lui fasse du

19. Jacques Ellul, *op. cit.*, pp. 68-69.

> bien et non du mal. C'est cela avant toute chose qui est sacré en tout être humain[20].

Telle est en effet notre dignité, qui ne réside pas en un attribut propre (en la raison humaine, en notre aptitude morale à l'acte désintéressé, en la faculté de s'inventer perpétuellement…), mais en ce lien qui confie l'homme à la bienveillance d'un autre. « S'attendre invinciblement à ce qu'on lui fasse du bien et non du mal » : voilà l'homme, tel est son premier abandon, tel sera, à l'heure de la mort, son ultime désir. Ce sera le geste qu'il inspirera à ceux qui auront soin de son corps, après sa mort : à l'abandon total du corps par le défunt répond la responsabilité des vivants. C'est pourquoi l'être humain a commencé là, par l'ensevelissement des corps, dans le soin pris du mort c'est-à-dire, au fond, de celui qui ne peut plus rien pour lui. C'est aussi pourquoi une civilisation se juge à ce qu'elle fait à la fois de ses morts et de ses plus fragiles.

En cela tient donc l'unité paradoxale de l'être humain : ce par quoi la vie lui est donnée comme un tout (« depuis la petite enfance jusqu'à la tombe ») est aussi ce par quoi il s'échappe à lui-même. C'est pourquoi Jésus lie avec force la petite enfance et l'entrée, *via* la mort, dans le Royaume :

> Laissez venir à moi les petits enfants, et ne les en empêchez pas ; car le royaume de Dieu est pour ceux qui

---

20. Simone Weil, *Écrits de Londres et dernières lettres*, Paris, Gallimard, coll. « Espoir », 1957, p. 13.

> leur ressemblent. Je vous le dis en vérité, quiconque ne recevra pas le royaume de Dieu comme un petit enfant n'y entrera point[21].

Cela n'exclut pas qu'on doive aussi devenir adulte, bien au contraire. Le problème de cette mauvaise opposition entre l'enfant (qui appartiendrait au temps de l'ignorance, de la passivité, de la croyance) et l'adulte (qui serait seul capable d'action consciente et responsable), vient de ce qu'on ignore le caractère profondément abandonné, confié, voire enfantin de l'adulte accompli – à condition qu'il soit *vraiment* accompli. Car être adulte, c'est non seulement agir, mais c'est poser des actes qui soient, d'une part, réfléchis dans leur initiative, d'autre part soutenus dans leur déploiement, enfin assumés dans leurs conséquences. Or suis-je certain, quant à l'initiative, que mon engagement est le bon ? Et quant au processus, saurai-je jamais avant de m'y lancer si les circonstances me seront toujours favorables ? Enfin, quant au but poursuivi, puisque mon action portera ses effets bien au-delà de mon intention, puis-je être jamais certain que j'ai bien fait d'agir ? On le voit : sans confiance en la véracité de l'appel qui porte à agir, d'une part ; sans confiance en l'ordre d'un monde assez ferme pour inscrire en lui l'action humaine, d'autre part ; sans confiance, enfin, en ces hommes de demain qui devront continuer à leur façon ce que d'autres ont commencé avant eux, on ne peut agir – ou alors seulement par folie, par un acte gratuit, absurdement posé. L'action requiert

21. Lc 18, 16-17.

d'elle-même la confiance : elle est toujours un risque à courir. L'adulte, dans l'abandon, pariera qu'elle est un beau risque. Il faut donc beaucoup d'enfance pour être un adulte agissant.

On croit, selon un schème de plus en plus présent et dont les Lumières ont fait une grille de lecture universelle, que la vie humaine est une sortie progressive du dessaisissement, sortie qu'interromprait tragiquement la mort. Or les choses, comme on vient de le voir, se passent plus exactement ainsi : enfant, l'homme vit de sa déprise et de sa dépendance ; adulte, il entretient avec cette déprise et cette dépendance une relation féconde, faite de la confiance qui rend possible l'action ; mort, il vivra d'elles, à nouveau et absolument, désormais riche de ce que l'âge adulte aura ajouté à sa vie, et qu'il recevra alors dans la plénitude de son éclat.

Je crois

La mort est un dessaisissement de soi si total qu'on y perdra même la certitude de ce que Dieu en fera. Cela ne s'oppose pas à la résurrection, mais lui est consubstantiel : la mort, en effet, ne peut être approchée autrement que comme une « confiance ». « Confiance », entre guillemets, car il faudrait entendre ce mot d'une façon neuve, comme le fait d'être *activement confié* à l'amour salvateur d'un Autre. « Confiance », parce que, tant qu'on garde la main sur sa mort, en imaginant qu'elle sera ceci, ou cela (« un passage », « une étape »), ce n'est pas encore la mort, qui est dessaisissement aussi de nos représentations, et ce ne sera donc pas non plus la résurrection, qui répond proportionnellement à ce dessaisissement.

> Le Christ a connu le vide total, un moment avant qu'il ne ressuscitât. [...]
> Le vide est la plénitude suprême, mais l'homme n'a pas le droit de le savoir, et la preuve, c'est que le Christ lui-même, un moment, l'a complètement ignoré. Une partie de l'homme doit le savoir, mais les autres non, car elles ne le sauraient que bassement, d'une manière imaginaire, et ainsi le détruiraient.
> Les parties basses de moi-même doivent aimer Dieu, mais non pas trop, ou ce ne serait pas le même Dieu[22].

Les « parties basses » auxquelles Simone Weil fait ici allusion, c'est ce qui, en nous, est incapable du vide, incapable de cette « confiance » par laquelle je suis radicalement confié à un Autre. C'est par exemple cette imagination qui recouvre la mort d'images ou de mots rassurants, pour ne pas envisager son caractère désappropriant. Les pensées qui se hâtent de consoler font taire le cri silencieux de la mort, interdisant finalement à la résurrection d'y répondre. Or la plénitude totale de la vie redonnée en Dieu n'advient que par l'appel du vide sans fond d'une vie qui ne répond plus d'elle-même.

L'espérance, en ce sens, n'est pas un déni de la mort, mais, prenant acte du vide qu'elle crée, un regard tourné

22. Simone Weil, *La Connaissance surnaturelle*, Paris, Gallimard, coll. « Espoir », 1950, p. 113.

vers la plénitude que cette mort appelle. L'espérance face à la mort consiste en ceci : le silence qui suit la mort, toute liberté abdiquée, fera dans l'oreille du Père une irrésistible clameur. Comme Dieu appelle dans le silence de notre prière, nous l'appellerons par le silence de notre mort. Et son oreille nous sera d'autant mieux prêtée que ce cri, nous ne pourrons même plus le pousser.

Très récemment, mon fils de 10 ans me rapportait une énigme qui dit, avec légèreté et un brin de malice, le cri vers le Père quand l'impossible est là :

> *Mon fils* : Bon, imagine. Tu es en voiture. À ta droite un fossé. À ta gauche un camion de pompier qui va à la même vitesse que toi. Juste derrière, un hélicoptère en rase-mottes. Et, car ce n'est pas fini, devant toi, un cochon qui fait à peu près la taille de ton véhicule. Que faire ?
> *Moi* : C'est un cauchemar ton truc ! Je ne sais pas, moi, j'accélère et fonce dans le cochon.
> *Mon fils* : Non ! Tu te mets à crier : Papa, descends-moi du manège !

La mort, en nous assignant à la plus parfaite impuissance, nous confie à une aide qui, ou bien n'est pas, ou bien est absolue. « Ou bien n'est pas » : il est possible que mon néant n'ouvre sur aucune reprise – et alors je ferais mieux, toute ma vie durant, de ne me soucier que de vivre, dans l'affirmation inquiète et autistique de ma propre puissance. « Ou bien est absolue » : la réponse du Père sera radicale, parce que la mort l'est. « Ne vend-on pas deux passereaux pour un sou ? » demande Jésus. « Or il n'en tombe pas un à terre sans que mon Père ne soit avec lui. » Ou bien, s'il faut ajouter au texte grec l'esprit (quand la lettre dit seulement : « sans mon Père / avec lui ») : « sans que mon Père en réponde ». On le voit : l'animal aussi, en son silence et son obéissance, par sa mort, appelle sur lui quelque chose comme un amour absolu[23]. Ainsi Jésus conclut : « Ne craignez donc pas, vous qui vous valez plus que des passereaux[24]. »

Mais comment ajouter à l'assertion de Jésus son propre assentiment ? Le peut-on seulement ? « Je crois à la résurrection des morts », dit le *Credo*. Mais n'est-ce pas là porter, à l'endroit de la parfaite déprise, l'affirmation du sujet que je suis, de ce sujet dont on vient précisément de montrer que, par sa mort, il est démis de tout ? Dire « Je crois », n'est-ce pas resurgir là où, pour qu'il y ait résurrection, il faudrait un abandon sans prise ni assurance ?

Certes, et l'acte de foi serait, quant à la résurrection, une sorte de monstre (s'affirmer encore, quand il s'agit de se laisser revivifier par Dieu) si le « Je crois », en réalité, ne s'inscrivait pas, lui aussi, dans l'horizon de la déprise. Dire « Je crois », c'est faire confiance. Or faire confiance, c'est n'avoir plus rien, pas même confiance, puisqu'on entre dans la confiance qu'on *fait* quand on perd celle que l'on a. *Faire confiance*, c'est se défaire de la mainmise sur les choses et les confier à un autre que

23. Il est à noter que la raison que Dieu donne à Jonas de n'avoir pas détruit Ninive est la présence en cette ville de « plus de cent vingt mille êtres humains qui ne savent pas encore distinguer leur droite et leur gauche et d'animaux innocents en grand nombre » (Jo 4, 11).

24. Mt 10, 29 et 31.

soi : la confiance qu'on fait est transitive, elle est faite à quelqu'un. Si l'acte de foi est bel et bien un acte, il n'est pas une action : on ne fait rien par lui que de se laisser faire. On ne dit rien par lui sinon, comme dans la prière de Charles de Foucauld : « Fais de moi ce qu'il te plaira. »

Le *Credo* n'est pas l'expression d'une assurance. Ce serait plutôt la version lumineuse d'un énoncé tel que « Je n'en peux plus », ou « Je ne sais pas ». Le « Je crois » n'élude pas, par son affirmation, le fait de perdre pied : il en est au contraire l'offrande assumée. Le *credo* dit, avec le père de l'enfant possédé suppliant Jésus de leur venir en aide : « Je crois, viens au secours de mon incrédulité.[25] » Il est à la jonction du sujet (« je ») et de son abattement (« crois »), il est la force de l'aveu de faiblesse : car en s'abandonnant aux mains du Père tout-puissant, c'est de sa toute-puissance qu'on vit.

Ce qui nous arrivera, à cause de notre mort, c'est une confiance sans reste, sans prise, celle-là même qui est irrésistible à Dieu. Parce que nous serons nus, même de toute certitude, nous serons revêtus. La foi aura passé, non pas la charité. Dans notre pauvreté totale, dans notre définitive précarité, quand nous ne serons plus que prière (précarité et prière ont la même étymologie), nous ne pourrons pas ne pas être exaucés. Nous serons dans notre mort comme le nourrisson dans les bras d'un ami que j'ai, qui est un peu géant (il mesure peut-être deux mètres) et dont les mouvements, alors qu'il vient d'être père, redouble de douceur, équilibrant sa force par la faiblesse de son enfant.

25. Mc 9, 17-29.

Quand je serai, par ma mort, dépris de moi-même, je serai pour Dieu l'occasion de faire de moi ce qu'Il veut. Or ce que Dieu veut, c'est ce qu'Il est. Et ce qu'Il est, c'est la Vie[26]. N'être plus rien que ce dont Dieu dispose, c'est recevoir de lui sa vie, celle qui ne mourra plus. Par la mort, je n'oppose plus à la discrétion de Dieu, qui n'agit jamais sans passer par mon consentement, que la transparence de mon être, qui ne peut plus rien, pas même consentir. Par ma mort, j'inviterai Dieu à être enfin la Vie pleine qu'Il ne pouvait me donner sans que j'y consentisse, et toujours seulement à la mesure de mon consentement. Par mon incapacité à m'opposer désormais à la Vie donnée par Dieu, je pourrai enfin pleinement, comme Marie en accueillant le Verbe en son sein, « Exalter le Seigneur », c'est-à-dire, littéralement, le faire grandir, l'exhausser (*ex-altare*).

Sa pudeur retient Dieu au seuil de mon être. Par cette pudeur et ce retrait de lui-même, Il m'a vraiment créé : j'ai une consistance propre, une liberté d'agir sur ma vie. Dieu ne force pas même mon adhésion : le Dieu de la Vie est un Dieu qui appelle ; or l'appel suppose la distance et la libre réponse de l'appelé. L'appel propose sans imposer. Le prophète lui-même, à qui pourtant la parole de Dieu fut mise directement « dans la bouche » (comme il en va pour Jérémie[27]), a la liberté de se refuser à sa vocation (Jérémie pleure parfois sur sa mission, quand Jonas la refuse carrément[28]).

---

26. Le Dieu des Juifs et des chrétiens est sans cesse nommé le « Dieu vivant ». Voir Dt 5, 26 ; Ps 42, 2 ; Dn 6, 26 ; Ac 14, 15 ; Th 1, 9 ; He 10, 31…

27. Jr 1, 9.

28. Sur ce thème, lire de Flannery O'Connor, *Et ce sont les violents qui*

L'homme a le pouvoir d'exalter Dieu : de lui offrir cette part de lui-même que le Créateur laissait à sa discrétion. Par l'action de grâce et la confession de sa faute, l'homme donne à Dieu les seules choses qui appartiennent à l'homme et n'appartiennent pas à Dieu. Comment cela ? Que peut-on en effet offrir à Dieu, puisque tout vient de lui ? Il est une chose cependant qui n'appartient pas à Celui qui donne tout : que le don qu'Il nous fait soit reçu. Aussi est-il deux choses que l'on peut donner à Dieu afin de le magnifier : d'abord son péché, c'est-à-dire le refus de vivre de la confiance de Dieu ; ensuite le merci, par lequel on reçoit de Dieu ce qu'Il est, lui donnant d'habiter où Il acceptait de n'être pas.

Or notre mort, non pas arrête, mais accomplit l'action de grâce et l'aveu de soi : puisque je ne suis plus rien, Dieu sera tout en moi.

Ainsi de la lumière : on ne peut pas l'enfermer, la mettre dans une boîte, la saisir. L'étreindre, c'est l'éteindre. La seule chose qu'on peut, c'est se tenir en son rayonnement, déplié, déployé, afin de la refléter le plus possible. Ce qui advient partiellement par l'action de grâce ou l'offrande de son péché. Ce qui adviendra parfaitement par la mort.

Le défunt est couché. Ses muscles sont détendus. Les plis de son visage sont moins marqués. Il ne résiste plus à la lumière qui vient s'y refléter.

---

l'emportent, *op. cit.*, pp. 367-513.

L'espérance

Pourtant, il faut bien avouer que, de cela (la reprise par un Autre de tout ce dont la mort m'aura dépris), il n'y a aucune assurance puisque, afin que tout nous soit donné, il faudra tout perdre, jusqu'à l'assurance même. Mais cette perte radicale se nomme l'espérance.

L'espérance, c'est ce qu'on a – mais perdu. C'est ce qui arrive, quand on l'a enfin perdu. L'espérance est la modalité de l'être quand l'être ne s'appartient plus. Elle est, non pas ce qui *reste* quand on a tout perdu (on dira alors que « l'espoir fait vivre »), mais ce qui *advient* parce qu'on a tout perdu : quand l'espoir même ne fait plus vivre, on n'est plus, pour cet Autre désiré par-delà la mort, qu'une provocation à nous sauver.

« L'impossible de l'homme, c'est le possible de Dieu », dit ainsi l'Évangile de saint Luc[29]. Accepter qu'il y ait de l'impossible pour l'homme, c'est se souvenir que « rien n'est impossible à Dieu ». « Rien n'est impossible à Dieu » : c'est, dans la Bible, ce que Dieu dit de lui-même à Abraham[30]. C'est aussi ce que Gabriel annonce à Marie[31]. Or, remarquons-le, cet impossible qui ne l'est pas à Dieu, dans la Bible, ce ne sont pas les choses du monde. Cet impossible n'est pas la victoire militaire des Israélites, si inespérée fût-elle ; ce n'est pas non plus les miracles accomplis par Jésus ou ses apôtres. L'impossible qui ne l'est pas à Dieu, c'est qu'un enfant soit mis au

29. Lc 18, 27.
30. Gn, 18, 14.
31. Lc 1, 37.

monde : c'est Isaac pour Sarah, c'est Jésus pour Marie. C'est la fécondité de la femme stérile ou encore vierge. L'impossible qui ne l'est pas à Dieu, c'est aussi que les morts ressusciteront. C'est la vie donnée, pardonnée, redonnée.

La troisième occurrence, dans la Bible, de l'impossible de l'homme qui est le possible de Dieu, met en regard le dépouillement qu'exige l'entrée dans le Royaume et la réponse de Dieu :

> « Qu'il sera difficile à ceux qui ont des richesses d'entrer dans le royaume de Dieu ! » Les disciples furent étonnés de ce que Jésus parlait ainsi. Et, reprenant, il leur dit : « Mes enfants, qu'il est difficile à ceux qui se confient dans les richesses d'entrer dans le royaume de Dieu ! Il est plus facile à un chameau de passer par le trou d'une aiguille qu'à un riche d'entrer dans le royaume de Dieu. » Les disciples furent encore plus étonnés, et ils se dirent les uns aux autres : « Mais alors, qui donc peut être sauvé ? » Jésus les regarda, et dit : « Cela est impossible aux hommes, mais non à Dieu : car tout est possible à Dieu[32]. »

La promesse

Une question toutefois se pose : comment évoquer la résurrection à partir de la confi*ance* (au sens que nous venons d'esquisser), c'est-à-dire en refusant d'en faire une

32. Mc 10, 23-27.

de ces pensées par lesquelles je comble par avance, pour me rassurer, le vide que la mort crée en moi ? Déployant jusqu'au bout la dynamique de l'usage des petites morts, afin d'indiquer que la mort ultime sera elle aussi, elle surtout, le lieu où perte et don coïncident, n'est-on pas en train de s'offrir l'assurance qui, finalement, empêche la déprise ?

Or il existe une modalité de cette possession par la dépossession qu'exprime bien la relation que nous pouvons, dès ici-bas, nourrir avec notre résurrection : c'est la promesse. Notre résurrection est une promesse, en ce que, recevoir la promesse d'un autre, c'est obtenir une assurance dans la mesure exacte où nous perdons toute assurance. Se laisser faire une promesse (« Il m'a fait la promesse de ne jamais me laisser tomber... »), c'est déposer son souci pour entrer dans le soin qu'un autre prend de soi. C'est plus difficile qu'il n'y paraît : je peux ne pas vouloir abandonner mon souci, et rendre inopérant le bienfait de la promesse que l'autre m'a faite. Ou bien je peux vouloir m'assurer que la chose promise m'est aussi due et, de peur qu'il la rompe, forcer l'autre à sa parole. Mais alors, je sortirais de la promesse pour entrer dans le contrat. Le contrat, c'est-à-dire le contraire de la promesse : le contrat contraint, là où la confiance ne fait qu'obliger.

La résurrection n'est pas un contrat : mon cri oblige Dieu et, par cette obligation, il le révèle comme Père ; mais ce cri est poussé de la mort, c'est-à-dire, précisément, de la perte de toute assurance. Le tranquille pouvoir sur Dieu que nous donnerait un contrat étoufferait ce cri, entraverait toute confiance – précisément comme il en allait quand on confondait la vie humaine avec ses œuvres, ou qu'on lisait celles-ci comme autant de bons points appelant mécaniquement une récompense.

Le Salut n'est donc jamais qu'une promesse. Et celle-ci nous déprend aussi du temps de son accomplissement : elle sera tenue dans un avenir que nous ignorons. Toutefois une promesse n'est pas sans effet sur le présent : elle mêle favorablement les temps, passé, présent et futur en les inscrivant dans un cercle vertueux. Par la promesse, j'ai reçu hier l'avenir qui donne à mon présent de ne pas désespérer de ce qu'il est. Dans le passé, il me fut dit : Dieu sera avec toi jusqu'à la fin du monde, Il ne te laissera pas tomber. Le passé de la promesse libère donc le présent du souci de l'avenir. La promesse rend, si l'on y consent, le présent à lui-même.

Parce que Dieu est le nom pour dire que la mort n'est pas la fin, je peux finalement accueillir ce jour comme éternel. Faire une promesse, n'est-ce pas déjà commencer à la tenir ? Promettre d'être toujours à tes côtés, n'est-ce pas, au jour le jour, poser de menus actes qui me rapprochent de toi et refusent que je laisse notre relation se distendre ? Plus trivialement, te promettre de venir t'assister à ton déménagement, n'est-ce pas déjà t'inscrire dans mon agenda ? Ainsi Dieu a-t-il peut-être commencé, déjà, à reprendre en Lui cela de ma vie qu'Il sait être éternel et qu'Il ressuscitera. C'est du moins ce qu'inspire l'idée de promesse, la seule capable de concilier l'espérance et la déprise, la perte et le don.

La confiance mise dans la promesse d'une vie redonnée est en outre une façon d'avouer, humblement, que nous ne pouvons pas, de notre vivant, être parfaitement dépris de notre vie. Tant qu'il y a de la vie, il y a l'espoir de ne pas tout perdre. La promesse prend sur elle cet espoir, sans le combler à moindre frais. Le père dit à l'enfant qui craint que la promenade promise n'ait pas lieu : « Tu verras. » C'est tout. Et l'enfant doit accepter de ne pas posséder ce que son cœur désire, sinon sous la forme d'une confiante dépossession.

Pauvre de la pauvreté

Tant qu'il y a de la vie, avons-nous dit, il y a l'espoir de ne pas tout perdre. Aussi notre mort nous cueille-t-elle, comme l'écrit Rainer Maria Rilke, dans un âge encore vert. Mais plus verte et plus aigre encore est la mort telle qu'elle rôde dans nos grandes villes :

> Car les grandes villes, Seigneur, sont maudites ;
> La panique des incendies couve dans leur sein
> [...] Là, des hommes insatisfaits peinent à vivre
> Et meurent sans savoir pourquoi ils ont souffert ;
> Et aucun d'eux n'a vu la pauvre grimace
> Qui s'est substituée au fond de nuits sans nom
> Au sourire heureux d'un peuple plein de foi[33].

Ce qu'apporte la foi à ce peuple heureux, c'est l'usage de la petite mort, c'est l'offrande qu'on en peut faire.

33. Toutes nos citations sont empruntées à la traduction d'Arthur Adamov, *op. cit.*, pp. 19-31.

Au lieu de ça, il y a partout la ville inhabitable, rues sales où se croisent des trajectoires que n'aimante aucun appel intime, seulement d'inquiètes choses à faire :

> Ils vont au hasard, avilis par l'effort
> de servir sans ardeur des choses dénuées de sens,
> et leurs vêtements s'usent peu à peu,
> et leurs belles mains vieillissent trop tôt.
> La foule les bouscule et passe indifférente,
> bien qu'ils soient hésitants et faibles,
> seuls les chiens craintifs qui n'ont pas de gîte
> les suivent un moment de silence.

Sans domicile fixe, mobile inertiel, les pauvres « rôdent, solitaires, autour des hôpitaux / En attendant leur admission avec angoisse. » Vient alors la prière de Rilke :

> La mort est là. Non celle dont la voix
> les a miraculeusement touchés dans leurs enfances,
> mais la petite mort comme on la comprend là ;
> tandis que leur propre fin pend en eux comme un fruit
> aigre, vert et qui ne mûrit pas.
> Ô mon Dieu, donne à chacun sa propre mort,
> donne à chacun la mort née de sa propre vie
> où il connut l'amour et la misère.
> Car nous ne sommes que l'écorce, que la feuille,
> mais le fruit qui est au centre de tout
> c'est la grande mort que chacun porte en soi. [...]

Seigneur, nous sommes plus pauvres que les pauvres bêtes
qui, même aveugles, achèvent leur propre mort.

Le problème de l'homme, ce n'est pas tant d'être si riche qu'il n'ait accès, de son vivant, à ces petites morts dont il peut faire usage. Le problème, c'est que l'homme est, par ses médiocres richesses, pauvre de sa pauvreté même. Il ignore la vulnérabilité qui le confie à plus grand que soi :

Pauvres, ils ne le sont pas ; ils ne sont que privés de biens essentiels
et livrés au hasard, sans force et sans volonté.
Ils sont marqués du sceau d'une angoisse sans nom
Et dépouillés de tout, même du sens de la pauvreté.
La poussière des villes se lève pour souiller leurs visages
Et toutes les immondices s'attachent à eux.
Ils vont échouer à la dérive comme des épaves ;
Ils font peur comme des pestiférés
Mais si le monde sentait le poids de la souffrance
Il porterait les pauvres comme une couronne de roses à son front.

Si en effet nous mourons avant que d'être morts, de sorte que la mort nous arrive toujours trop tôt, c'est parce que nous ignorons le sens de la pauvreté. Nous refusons, alors même que le bât de l'impossible nous frappe, de nous avouer que la blessure nous est constitutive :

> La blessure que nous sommes, notre infirmité native, celles qu'on peut saisir dans chaque regard ou dans chaque inflexion, nous sont absolument antérieures[34].

Nous nous cachons à nous-mêmes cette précarité. Nous croyons que la précarité est un accident malheureux, quand elle est ce par quoi, depuis toujours, nous offrons prise sur ce que notre humanité a de plus profond. L'homme, disait Aristote, est un vivant doué de *logos*. Le *logos*, c'est la raison. C'est aussi la parole. C'est plus fondamentalement encore le lien : l'homme est donc un vivant « doué de liens », c'est-à-dire assez pauvre pour ne pas dépendre que de soi. C'est d'un manque qu'il est *doué*. Ce manque originel apparaît, dans la définition d'Aristote, comme positif : il rend possible de savoir son ignorance, de mesurer sa dette vis-à-vis de ce qui nous a élevés. Au contraire, ne pas vouloir reconnaître cette intime précarité et son caractère bienheureux, c'est être pauvre de sa pauvreté même, c'est refuser par avance la résurrection. Car en ignorant notre dépendance première, qui fut pour notre plus grand bien (soins, éducation, échanges, amitié…), nous refusons par avance de dépendre un jour parfaitement d'un Autre, pour notre plus grande gloire.

« Je suis sorti nu du sein de ma mère, et nu je retournerai dans le sein de la terre[35]. » Nu par sa naissance, l'homme a été vêtu par la mère. Nu par sa mort, il sera habillé par le Père : « Je me réjouirai en

34. Philippe Lacoue-Labarthe, *Phrase*, *op. cit.*, pp. 107-108.
35. Jb, 1, 21.

l'Éternel, mon âme sera ravie d'allégresse en mon Dieu. Car il m'a revêtu des vêtements du salut[36]. » Nous ne pouvons pas, dès cette vie, accepter de vivre absolument dépouillés, misérables et nus : nous sommes faits pour la vie, répétons-le. Mais nous pouvons croire que notre ultime nudité sera l'occasion pour Dieu de nous vêtir.

Aussi le poème de Rilke s'achève-t-il sur un appel à saint François d'Assise, l'homme qui, de son vivant, allait de nudité consentie en nudité infligée (pensons à son ultime dépression, à sa terrible nuit[37]). En sortant nu du procès qui, devant l'évêque, l'opposa à son père, il fit de la pauvreté « une couronne de roses à son front » et se drapa de sa nudité comme d'autres dans leur dignité :

> Où donc est celui qui sut tirer sa force d'une grande pauvreté
> au-delà du temps et de toute possession,
> celui qui osa se dévêtir sur la place publique
> et marcher nu au mépris de l'évêque ?
> Où est-il le plus aimant de tous les hommes,
> le frère aux pieds nus des bêtes des champs
> qui savait voir l'éternité dans chaque chose ?

« Voir l'éternité dans chaque chose » : sachant que rien ne nous est dû, tout nous devient don. Serait-ce à dire que l'éternité a déjà commencé ? Oui : qui ne craint plus de perdre, reçoit tout. Mais ne pas craindre

36. Is 61, 10-11.

37. Sur « la dépression » de saint François d'Assise, voir Éloi Leclerc, *Sagesse d'un pauvre*, Paris, DDB, 2007.

de perdre, cela ne signifie pas s'être seulement détaché de tout. Car ce détachement n'advient parfaitement que par la mort : ici-bas, l'éternité commence, mais comme en un clair-obscur. *Primo*, donc, nous vivons et sommes attachés à cette vie ; *secundo* nous savons le caractère précaire de ce que nous possédons ; *tertio* nous découvrons dans cette précarité la condition de tout don, et dans la mort ultime la condition d'une vie parfaitement reçue, parce que parfaitement donnée. Si nous vivons dès aujourd'hui l'éternité, c'est parce que nous savons que Dieu ne laissera pas s'abîmer dans le néant ce qui fait la saveur de notre vie. Il n'est plus question que de rendre cette saveur, ce qui signifie : avoir, de cette vie, tout le goût et toute la joie, puisque Dieu ne pourra rappeler du néant que ce qui fut par nous un jour reçu.

*

Nous avons esquissé ici la folle possibilité de notre résurrection. Nous ne pouvons pas faire plus pour le moment : entrevoir la possibilité de cette résurrection. Le reste appartient à Dieu. Nous obligeons Dieu ici-bas par notre foi : dans la Bible, à maintes reprises, Dieu, ou son Fils, cède à la confiance que lui font les hommes. Nous l'obligerons sans doute par notre cri silencieux. Mais nous ne pouvons le contraindre par une démonstration trop efficace.

Nous voudrions maintenant explorer, autant qu'on en peut savoir, le contenu de cette résurrection : qu'est-ce que se recevoir tout entier de Dieu, quand on ne pourra plus rien par soi ? Pour « voir l'éternité en toute chose » dès ici-bas, il faut entrevoir celle qui nous sera donnée, par-delà cette vie : pour être, dans l'aujourd'hui de cette vie qui passe, disponible à ce qui se donne en elle d'éternité, pour laisser ensuite à Dieu de quoi nous ressusciter, il faut savoir ce qui, maintenant, offre déjà prise à la résurrection. Pour livrer mon cœur à ce qui ne meurt pas, il faut connaître, au moins un peu, ce qui me sera redonné de ma vie quand, l'ayant parfaitement abdiquée, abandonnée à Dieu, Celui-ci m'en fera l'offrande.

IV

Ressusciter

De quel habit notre nudité sera-t-elle revêtue ? Ce vide que je serai devenu par ma mort, par quoi sera-t-il rempli ? À quoi ressemblera la vie reçue de Celui qui aura entendu, dans la plainte du mourant ou dans son dernier souffle, un appel, une provocation ?

Pouvons-nous, sans quitter le chemin ouvert par l'usage de nos petites morts, entrevoir ce que sera la vie redonnée ? Pouvons-nous, sans verser dans l'élaboration d'hypothèses extravagantes ni donner dans le kitsch théologique, déployer l'intelligence de l'éternité que nous a donnée l'usage de nos petites morts ?

Nous allons penser la mort jusqu'en ce point où elle devient vie redonnée. Cela nous permettra de découvrir, ultimement, que l'éternité débute aujourd'hui, à l'instant où nous commençons à distinguer ce qui, en notre vie, ne mourra pas.

Fausses éternités

La résurrection, on peut l'imaginer sous différentes formes. Nous commencerons par en examiner trois qui ne rendent pas justice à ce que nous ont appris les étapes précédentes : la résurrection ne saurait être ni un commencement absolu, ni la parfaite continuité de la vie présente, ni l'advenue d'un monde totalement différent de notre ici-bas.

On peut d'abord croire que la résurrection sera un commencement absolu : une page blanche, où tout est enfin possible. Nos larmes essuyées, elles seront aussi oubliées. Mais à quoi sert d'être tiré hors du néant si c'est notre vie entière qui tombe aux oubliettes ?

On peut croire aussi qu'elle sera la parfaite continuité de cette vie présente. C'est le paradis que visent certains « transhumanistes » en vous proposant de stocker sur un support numérique assez de données vous caractérisant, et de les transférer ensuite, à chaque fois que votre corps flanchera, sur un substrat organique différent. Mais ce ne serait pas là une résurrection, seulement la réitération indéfinie de soi-même. Et puis a-t-on envie que tout revienne, de la même façon ? Certes, seront inscrits dans ces données nos bons souvenirs, nos désirs profonds, mais aussi ces images qu'on voudrait oublier, ces obsessions qui nous rendent malades… Peut-être alors nous proposera-t-on d'éliminer de ces données les éléments que nous jugeons gênants ou désagréables. Mais ce serait perdre tout contour et toute consistance : ce serait devenir son propre rêve. Cela reviendrait par exemple à épouser une femme si parfaite qu'elle n'offre plus prise :

une femme sage comme l'image lisse que je me fais d'un être dès lors que je lui ai refusé d'être autre chose que mon propre fantasme. La femme, même aimée, a certes bien des défauts : mais par la résistance que ceux-ci opposent à mon désir, j'apprends à aimer plus loin que moi-même. La femme aimée l'est *pour* ses qualités mais *par* ses défauts. Ainsi de ma vie : ce que, événements ou traits de mon caractère, je n'ai pas choisi de ma vie est aussi ce qui fait d'elle quelque chose à quoi m'ouvrir et consentir. Car une fois que je serai soulagé de toutes mauvaises pensées, de tout mauvais souvenir, de toutes ces blessures que m'aura infligées la vie, que vivrai-je, sinon une sorte de cauchemar climatisé ?

Quoique certains articles sur le sujet la nomment « résurrection », cette réitération de soi qu'espère le transhumanisme en est justement le contraire. Conserver son être le plus longtemps possible, en ne lâchant rien, ou seulement ce qu'on veut lâcher, ce n'est pas cela ressusciter. Ressusciter, c'est se recevoir d'un Autre. Ce dernier point est important pour commencer d'élucider ce qu'est la vie redonnée : plus qu'une conservation de soi, celle-ci sera riche de celui qui, ayant recueilli le tout de notre vie, nous la redonnera. On le voit dans la vie courante : ce qu'on reçoit porte l'empreinte de celle ou celui qui nous l'offre. C'est si vrai qu'un petit enfant exige parfois que ce soit l'invité d'exception (tel oncle, tel ami...) qui, à table, lui serve de l'eau, comme si la provenance de la chose donnée importait au moins autant que son contenu[1]. Si Celui qui nous redonne la

1. Cf. S. Kierkegaard, *Discours chrétiens, Les soucis des païens, op. cit.*, p. 26 :

vie est Celui qui a répondu à notre cri, alors cette vie acquerra quelque chose de ce qu'Il est – à l'inverse, si c'est moi seulement qui, par l'artifice technologique, la réitère, elle ne sera jamais qu'à la petite mesure de mes angoisses de perdre. La vie sauvée est davantage que la vie sauve : celle-là est jeune d'être redonnée, celle-ci est vieille de vouloir se conserver.

Dernier contresens, mais généré par la même difficulté à abandonner sa vie : on peut croire que la vie redonnée sera, comme nos paradis imaginaires, l'arrivée dans un monde hallucinant, où nous serons munis de pouvoirs absolus et gratifiés de jouissances sans borne, proportionnelles sans doute à nos privations d'ici-bas. À quoi il faut opposer le mot sévère de Simone Weil : « La religion en tant que source de consolation est un obstacle à la véritable foi. En ce sens l'athéisme est une purification. Je dois être athée avec la partie de moi-même qui n'est pas faite pour Dieu[2]. » Mieux vaut en effet refuser toutes les images que de transformer le paradis en un parc d'attractions. Dans un autre cahier, Simone Weil écrit : « Certains cherchent le royaume de Dieu comme si c'était un paradis artificiel, seulement le meilleur des paradis artificiels[3]. » Or un tel paradis n'est rien d'autre que l'enfer, comme elle le note encore laconiquement : « L'enfer comme paradis illusoire. Ce n'est pas autre chose que la volupté. Paradis artificiels,

« [...] parlant du pain quotidien, il [le chrétien] songe moins à la nourriture qu'à sa provenance de la table de Dieu. »

2. Simone Weil, *Cahier 6*, *Œuvres Complètes*, t. VI, vol. 2, p. 337.

3. Simone Weil, *Cahier 5*, *ibid.*, p. 189.

excellente expression[4]. » D'ailleurs les grands peintres ne s'y sont pas trompés, représentant l'enfer sous la forme d'orgies incessantes : qu'y a-t-il de plus infernal qu'être enchaîné à ses propres appétits ?

Ainsi l'athée aura toujours raison contre celui qui *utilise* la foi : qui aliène la foi à son désir de recevoir, une fois au paradis, les pays et les femmes dont il n'aura pas eu le temps de jouir sur terre. Mais l'athéisme, s'il est « purificateur », selon l'expression de Simone Weil, ne doit pas être autre chose qu'une purification : si, pour le meilleur, il nous délivre de la réduction de Dieu à l'utilisation qu'on en veut faire, en revanche il céderait à son tour à la facilité en devenant une posture. Certes, à la part de nous qui fait de la résurrection un moyen de posséder plus sûrement sa vie, on doit rappeler avec l'athée que nous perdrons tout. Mais, précisément, l'athée *tient à* cette perte totale : il s'y accroche comme à une certitude. Or, comme nous l'a indiqué l'usage des petites morts, si perdre, c'est recevoir, tout perdre, ce pourrait bien être recevoir le tout de sa vie. Avouons avec l'athée, mais aussi *contre* lui, qu'on n'en sait rien. Qui sait en effet ? La perte totale de soi que sera la mort annule l'assurance dans les deux sens : je ne sais ni si je m'abolirai dans le néant, ni si j'en serai tiré. Mais si seulement j'ai cru à cette vie, si seulement j'ai bien voulu recevoir d'elle l'amour et la beauté, je dois au moins reconnaître que la perspective de cette perte totale est une douleur – et que cette douleur appelle un sauveur. « Je crois à la vie éternelle » ne signifie rien d'autre que :

4. *Ibid.*

cette vie est trop belle pour n'être pas vraie au-delà de la mort.

Qui sait ? L'athée, avons-nous dit précédemment, craint de laisser Dieu libre d'être Dieu : « Si Dieu existe, ce doit être en vue de moi », raisonne-t-il. Le croyant véritable, quant à lui, laisse Dieu à Lui-même. Il ne fait pas parler à Dieu la langue de ses propres désirs, comme le font les superstitieux. Mais il ne le Lui interdit pas non plus de parler, comme le font les athées. Certes le véritable croyant ne force pas Dieu aux petites limites de son entendement, mais il ne Lui interdit pas non plus d'y entrer, si tel est le désir de Dieu. Croire en une révélation, ce n'est pas, comme on le pense, restreindre Dieu à une chapelle donnée : c'est Lui reconnaître la liberté d'être le Tout-Autre, au point d'être aussi le Tout-Proche. Il faut donc affirmer, contre l'apophatisme contemporain[5], que ce n'est pas respecter la distance entre l'homme et Dieu que de Lui refuser *a priori* de s'approcher, s'Il le souhaite. Si Dieu répond de notre cri, comme la Bible l'affirme en de si beaux et nombreux passages[6], on doit, pour respecter sa liberté, l'accepter humblement. C'est cela, sans doute, qui est le plus difficile : refuser d'enfermer Dieu dans nos représentations, au point de l'y accueillir, s'Il lui a pris l'idée d'y venir habiter. Pour le dire avec Simone Weil : « Il y a dans le salut une facilité plus difficile pour nous

5. L'apophatisme est la voie spirituelle qui refuse d'affirmer de Dieu quoi que ce soit, en vue de respecter son infinie transcendance. Par « apophatisme contemporain », j'entends cette tendance à s'autoriser de la transcendance de Dieu pour refuser sa Révélation et les voies humaines qu'Il s'est choisies.

6. Ps 3, 4 ; Ps 4, 1 ; Ps 18, 6 ; 22, 2 ; Jb 5, 1 ; 19, 7 ; 35, 12 ; Ha 1, 2… Au contraire, les idoles restent muettes : Is 46, 7 ; Jr 10, 5 ; 1 Co 12, 2…

que tous les efforts[7]. » Si l'athée se contentait véritablement de dire « Qui sait ? », il s'ouvrirait au mystère de la résurrection :

> Revenez à moi de tout votre cœur, avec jeûnes, des pleurs et des lamentations ! Déchirez votre cœur et non pas vos vêtements, et revenez vers le Seigneur, votre Dieu ; car il est compatissant et miséricordieux, lent à la colère, riche en fidélité et renonçant au châtiment. Qui sait ? Il pourrait se raviser et renoncer au châtiment, et laisser après lui une bénédiction[8].

Mais n'allons pas trop vite. Car c'est seulement à partir de ce que nous a appris l'usage de nos petites morts que nous voudrions comprendre dès maintenant ce qui, vécu ici-bas, ne mourra pas. Voici en effet ce que nous avons entrevu : si ma mort est abandon de soi, si ma résurrection est don de moi-même par Celui qui a répondu à mon cri, alors la vie redonnée sera à la jonction de celle que j'abandonne par ma mort et de Celui qui me la redonne. Si mourir, c'est se prêter totalement à Dieu, alors revivre, ce sera se recevoir de Lui. *La vie redonnée sera donc ma vie présente, mais transfigurée de m'être rendue.*

Sous quelle forme ? Sera-ce sous la forme du « Jugement », comme le racontent de nombreuses traditions ? Comme on va le voir, ce n'est pas faux, mais ce n'est

---

7. Simone Weil, « Formes de l'amour implicite de Dieu », *Œuvres*, Gallimard, « Quarto », Paris, 1999, p. 752.
8. Jl 2, 12-14.

pas exact. Car si la vie redonnée est celle qui fut vécue, mais enrichie de Celui qui ne l'a pas laissée choir dans le néant, alors ma résurrection est, en son premier acte, *un récit* – et c'est dans l'horizon du récit que la perspective du Jugement se dessinera. Comprendre pourquoi la vie redonnée prendra la forme du récit et ce que cela ouvre comme perspective pour notre vie présente : voilà ce à quoi il nous faut à présent nous atteler.

Le récit

Les Frères Karamazov, de Dostoïevski, se finit par ce dialogue :

> - Karamazov ! s'écria Kolia, est-ce vrai ce que dit la religion, que nous ressusciterons d'entre les morts, que nous nous reverrons les uns les autres, et tous et Ilioucha ?
> - Oui, nous ressusciterons, nous nous reverrons, nous nous raconterons joyeusement tout ce qui s'est passé, répondit Aliocha, moitié rieur, moitié enthousiaste.
> - Oh ! comme ce sera bon ! fit Kolia.

« Nous nous raconterons tout » : mais qu'est-ce qui lie récit et résurrection ? À cet étonnement, il faut ajouter un second : « Oh ! comme ce sera bon ! » : mais pourquoi ? Ce récit de ma vie, au jour de ma mort, n'est-il pas ce que les traditions ont parfois imaginé dans les formes les plus terribles d'un Jugement ?

Avant d'arriver à cette seconde question, reprenons le mouvement qui désormais nous porte : nous perdrons tout ; mais, selon ce que nous inspire l'usage dynamique des « petites morts », cette perte est aussi l'occasion de se recevoir mieux ; or comment recevoir sa vie, puisque ce ne sera pas sous la forme d'un commencement absolu, ni d'une infinie réitération, ni d'une grotesque transfiguration (le paradis artificiel) ? Qu'est-ce que la recevoir d'un Autre mais de telle sorte que ce soit toutefois *ma* vie ? Comme on l'annonçait, il n'est pas d'autre voie que celle-ci : ce sera sous la forme du récit que Dieu me fera de la vie que, par ma mort, je lui ai remise. Le Jugement sera l'histoire de ma vie racontée du point de vue de Celui à qui, dès le début, parce qu'Il était le seul à pouvoir la tirer du néant, je la destinais.

Cela l'homme l'a toujours su. C'est pourquoi il aime à raconter des histoires et conçoit, sur un plan universel, l'étalement, plus ou moins absurde, de ses faits et gestes dans le temps comme une histoire. Ce n'est pas parce que nous nous racontons parfois des histoires que la résurrection est un récit, mais c'est parce que ma vie me sera finalement donnée à entendre comme un récit que nous nous racontons des histoires. Quand Proust écrit, à la fin d'*À la recherche du temps perdu*, que « la vraie vie, c'est la littérature », cela ne signifie pas que vivre pleinement revient à passer son temps dans les livres. C'est évidemment plus profond que cela. Pour Proust, c'est dans le roman, c'est-à-dire par la reprise en un récit qui vient unifier tout ce qui fut notre vie, que peuvent se déployer ces moments que, trop occupés à les vivre, nous avons oublié de goûter. Et il en est précisément de même avec notre résurrection. Le Temps retrouvé (septième et dernier tome d'*À la recherche du temps perdu*), c'est le temps pris pour laisser croître le temps perdu à vivre. Le récit offre aux choses *vécues* (entendons le passif) de devenir enfin *vivantes* : de rendre à chacune leur saveur propre. De même que, dans un procès, la reconstitution précise des faits permet de savoir ce qui s'est finalement passé, de même, pour savoir qui l'on fut, il faut se raconter.

Voilà ce qui arrive dans un couple : je voudrais offrir à celle que j'aime cette semaine passée loin d'elle. Je ne le peux qu'en en faisant le récit. Même le souvenir que je lui ai ramené de mon excursion est prétexte à raconter quelque chose. La chose étonnante c'est que, faisant ce récit, j'accède en même temps à ce que j'ai finalement vécu de décisif pendant cette semaine. En donnant, je reçois – un peu comme il en va par notre résurrection où la vie perdue se fait vie reçue.

Mourir à la vie immédiate, en passant par le récit qu'on en fait : c'est cela, selon Proust, la vie plus vraie de la littérature. Laquelle implique élection et sélection. *Élection* : choix, par celui qui fait le récit, de tel détail qui, à la vérité, n'en est pas un ; mise en valeur de cet instant anodin qui est finalement central. *Sélection* : exclusion hors du récit de ce qui ne se rapporte pas, explicitement ou implicitement, à la vie qui s'y déploie. Pour raconter correctement, il faut *juger* : savoir ce qu'on entend garder. Un romancier, pas plus qu'un historien, ne dit tout : il ne fait pas l'inventaire des faits. Il guette l'événement, même silencieux, qui donne cohérence à l'ensemble.

Ainsi, par exemple, de toutes les choses avalées par le narrateur d'*À la recherche du temps perdu*, au *Grand Hôtel* de Cabourg ou au casino de Rivebelle, seule la célèbre madeleine a le goût du temps retrouvé. « La madeleine de Proust », c'est Marie-Madeleine : c'est l'événement par où l'on s'est un jour rencontré, comme Marie-Madeleine, celle qui « a *beaucoup* aimé » (entendons : tous et n'importe qui), rencontre enfin en Jésus celui que, depuis le début, son cœur cherchait. Jésus est la madeleine de Marie-Madeleine : celui qui offrira à sa vie l'unité qui lui manque, celui qui rassemble le récit décousu de sa vie en un temps retrouvé[9].

Le souvenir

La vraie vie, c'est la littérature en tant que le récit qu'on en fait distingue, avec Kierkegaard[10], la mémoire du souvenir : la mémoire est une faculté, un pouvoir. Or en elle prennent place certains faits (ils ne sont pas nombreux) plus jalousement gardés que les autres. Ce sont les souvenirs. Qu'est-ce qui, au juste, se passe dans une vie ? Qu'est-ce qui, se passant, ne fait pas que passer ? Qu'est-ce qui, non seulement arrive, mais « *se* passe » ? Le réflexif est essentiel puisque, quand il *se* passe quelque chose, le réel, tout à coup, cesse de se déployer : il semble se replier sur lui-même et atteindre de lui une strate plus profonde. Quand il *se* passe quelque chose, les événements n'ont plus cours : ils se rassemblent autour

---

9. On pourra penser ici à « l'identité narrative » telle que Paul Ricœur l'élabore dans *Soi-même comme un autre* (Paris, Seuil, coll. « L'ordre philosophique », 1990).

10. Voir *In vino veritas*, texte que Kierkegaard écrivit en 1844.

de ce qui leur confère un sens. On passe alors à un degré supérieur de réalité : il est des moments de notre vie où l'on se croise soi-même, où l'on entend venir, du plus profond, ce qui nous appelle. Tels seront les souvenirs : ces rares instants où l'on a senti, sous la couche plurielle des faits divers, passer l'appel à devenir ce que l'on est.

Il y a souvenir quand cet appel, on ne l'a pas laissé passer. La voile se tenait prête, le vent s'est pris en elle. Surpris, nous avons pris le large, quitté les vieux rivages. On est d'un coup devenu autre en devenant plus radicalement soi-même.

Ce qui s'est alors passé, c'est une conversion à son nom propre, à ce nom qui sera prononcé afin que nous nous relevions de la mort. Par le souvenir, on a découvert qu'il y a, dans ce monde où tout bouge, une place qui est sienne et qui, si on ne l'occupait, resterait à jamais vide.

On voit par là un peu mieux comment se nouent récit et résurrection. Ce sont ces souvenirs qui font la trame d'une vie, qui la découpent en autant de chapitres, qui lui donnent ordre et consistance. Sans eux, qui sont ce qu'on possède réellement en propre, l'homme n'aurait à sa mort rien à perdre – ni Dieu à ressusciter. Ces souvenirs, pourtant, ne nous sont connus qu'après coup, à la faveur de la reprise de notre vie en un récit capable d'en repérer les seuils et les sauts. « Il était une fois », oui, mais on ne sait cette « fois » qu'après qu'elle a donné lieu à une histoire. Toutes les histoires commencent à l'imparfait (« Il était une fois ») : pour qu'il y ait une première fois, il faut que ce soit la première d'une série que cette première fois ignore. L'histoire ajoutera à la première de ses phrases toutes celles qui, au fur et à mesure, en modifient le sens. Ainsi, à proprement parler, on ne rencontre pas « pour la première fois » un inconnu qui le restera : si rien ne fut inauguré par elle, la première fois n'est pas même première. Au contraire, racontant à mes enfants l'histoire qui me lie à leur mère, je peux dire : « la première fois que je l'ai rencontrée » car ils sont, eux, les témoins vivants que ce petit fait fut en réalité un commencement – ce dont je ne pouvais être assuré quand il avait lieu. Le lieu de la première fois se tient donc en aval, et non en amont, de l'histoire. Et cela, seul le récit que j'en fais, qui en recueille la trame et en relève les ponctuations, peut le savoir.

Quelles ponctuations ? Ces souvenirs qui restent quand tout s'en va[11]. Ces souvenirs dont les hommes, approchant de la mort, ou revenant d'une expérience de mort imminente, voient le défilé.

11. Je me permets un exemple de souvenir, qui n'est pas tiré de la vie d'un grand homme, mais d'un proche. Ma mère doit écrire, pour un humble bulletin diocésain, ce qui l'a amenée à vivre sa vie auprès des plus pauvres, en prison d'abord, en tant qu'assistante sociale ensuite, au sein du mouvement ATD Quart-Monde enfin (mouvement dont l'intuition est qu'on ne peut aider quelqu'un sans d'abord se laisser aider par lui). Se prêtant à cet exercice, lui revient soudain un fait auquel jamais elle n'avait repensé. Un souvenir au sens kierkegaardien : « Quand j'avais 7 ans, mes parents m'ont envoyée donner le pain que nous avions en trop à une famille pauvre, dont la petite fille était en classe avec moi. Cette petite fille, je l'avais remarquée, parce qu'elle était seule, elle était sale. J'ai obéi à ma mère, mais ce jour-là j'ai désobéi au respect dû à tout homme, ce respect qui appelle le silence et la distance. Je me vois devant la porte de cette trop misérable demeure. La petite fille est là, devant moi, elle prend le pain que je lui tends, elle me regarde puis elle baisse les yeux. Elle a honte. Cette honte est venue en moi comme une blessure et je savais qu'il fallait que jamais elle ne guérisse. Un profond retournement s'est opéré en moi. L'autre être humain est devenu ce jour-là celui que je peux blesser. Celui qu'il faut écouter, si on veut le servir. »

Le nom

Le récit, c'est donc la conquête du point de perspective qui offre à l'ensemble désordonné sa cohérence la plus ample. C'est ce point aveugle de notre vie[12] qui nous sera offert quand, l'ayant abandonnée, notre vie nous sera donnée du point de vue d'un autre. Ce point de perspective, dont chaque souvenir est une indication, a un nom : c'est *le nom*, justement. Découvrir son nom, ce sera savoir ce qui, dans ma vie, s'est passé : ce qui, de moi, est passé dans la suite des jours qui aura composé ma vie. Ce nom, il faut le découvrir : chacun porte un nom qu'il ne connaîtra qu'à la fin de sa vie. Ce n'est que le jour de ma mort, ma vie déroulée et ultimement offerte, que je saurai enfin qui est né le jour où mes parents eurent un fils. Pour reprendre le mot de saint Paul, à notre mort, « nous connaîtrons comme nous avons été connus[13]. » Si le jour de ma naissance, j'ai reçu un nom, ce n'est pourtant que le jour de ma mort que je saurai qui ce nom appelait. Pour le dire autrement : ce que nous recevrons le jour de notre mort, c'est un nom qui nous soit définitivement propre.

Or, chose intéressante, ce nom, tant qu'on vit, on doit l'ignorer – ce nom, comme le sens ultime de ma vie, on doit le recevoir, et ne le recevoir qu'une fois que ma vie entière sera consommée. Cela, il faut le comprendre, pour saisir en quoi le nom, à la faveur du

---

12. Le point aveugle désigne la partie de la rétine qui, dépourvue de photorécepteurs, rend possible la vision sans en être elle-même capable.

13. 1 Co 13, 12. Il faut rappeler que « connaître », dans l'horizon de la Bible, signifie aussi « aimer ».

récit que Dieu fera de notre vie, est le premier des dons du Royaume.

Si par malheur je pouvais recevoir, le temps de ma vie, un nom qui me soit déjà propre, je serais assigné à lui. C'est ce qui advient dans les sociétés dites holistes ou primitives : la prise du tout sur la partie, c'est-à-dire du groupe sur l'individu, y est telle que, à l'entrée dans l'âge adulte, le membre de la communauté reçoit définitivement un nom et, avec lui, une place déterminée. Certes, dans ces cultures, le nom épouse généralement le trait saillant de la personnalité de celui ou celle qui le reçoit, et l'on peut regretter, en Occident, l'arbitraire de prénoms qui ne signifient rien ou presque – et qui, en outre, sont donnés à la naissance, c'est-à-dire en ignorance de cause. Même quand nos prénoms signifient, c'est incidemment : la jeune femme nommée Constance, ou Clémence, n'est pas sommée d'être constante en ses choix et émotions, ou clémente en ses jugements. En ce sens, les prénoms en Occident sont bel et bien des « pré-noms » : reçus avant de savoir qui ils nomment, nos prénoms désignent sans signifier.

Mais est-ce là si dommageable ? Les membres des sociétés holistes sont certes « bien-nommés » : ils ont à un moment quelconque mérité le nom à la hauteur duquel ils doivent désormais se hisser. On ne faiblit pas devant l'ours si l'on se nomme « Homme-Debout ». Toutefois ce nom, qui non seulement désigne mais signifie, ne fait pas que nommer : il « sur-nomme ». Je veux dire par là qu'il surdétermine l'individu par le nom, comme il en va quand on surnomme quelqu'un et qu'on l'assigne ainsi, avec plus ou moins d'humour ou de cruauté, à l'un des traits remarquables de son caractère ou de son apparence. Le nom à l'occidentale, parce qu'il ne signifie pas, préserve ainsi la part de mystère de la personne ainsi justement « dé-nommée » : *dé-nommée*, au sens où, recevant un nom sans signification à un âge où on ignore encore ce qu'elle sera plus tard, on épargne à cette personne d'avoir un nom une fois pour toutes. Et ce, sans devenir pour autant anonyme, sans nom. Arbitrairement nommé par des êtres (mes parents) qui m'attendaient sans me connaître, je peux certes nourrir la nostalgie d'une culture où le nom me serait davantage propre, m'exprimerait avec plus de précision. Ou bien, par révolte contre cet arbitraire, je peux me décréter « a-nonyme » et me donner un nom en me choisissant par exemple un pseudonyme (qu'on pourrait appeler : un « auto-nyme »). Mais alors, dans cet acte par lequel je me choisis un nom, je m'assigne moi-même à ce que j'entends livrer de moi au monde. Sait-elle quel nom prend celle qui épouse l'homme devenu célèbre, star de rock ou de cinéma, et dont le pseudonyme a peu à peu effacé le nom reçu à la naissance ? Re-nommé par sa renommée, cet homme n'est plus que la somme des actes qui l'ont rendu célèbre : il ne goûte plus l'incertitude de ce qu'il peut devenir, il n'est plus, à lui-même ou aux autres, un mystère. Quand il arrive quelque part, comme le dit l'expression, « on ne le présente plus » : on croit savoir qui il est.

On pourrait presque définir trois grandes postures existentielles en fonction du rapport qu'on pense être celui de l'homme à son nom. La société primitive déploie un essentialisme strict : l'essence précède l'existence. Le nom reçu « sur-nomme ». L'existentialisme d'un Sartre, pour qui au contraire l'existence précède l'essence, de sorte que je ne suis rien que ce que je choisis d'être par mes actes, c'est au contraire la mise en demeure de se créer soi-même un nom : le nom reçu, parce qu'il est donné par un autre, apparaîtra ici comme la violence de la détermination. Être libre, ce sera donc redevenir « a-nonyme », sans précédence ni héritage, pour se faire ensuite un « auto-nyme ».

Entre l'essentialisme strict et l'existentialisme, il y a enfin la dynamique de la découverte de soi au fil d'un récit où le nom, d'abord arbitraire et accepté comme tel, devient un nom propre. Par elle, il est dit que l'essence excède l'existence (contrairement à ce qu'affirme Sartre, je suis plus grand que la somme de mes propres choix) et, qu'en retour, l'existence excède l'essence (je ne saurai mon nom propre qu'à la fin). Ici, le nom, reçu de mes parents, me « pré-nomme » en un double sens : d'une part ce nom, venant avant ma vie (« pré »), ne prétend pas épuiser ce que je suis ; et c'est pour cette raison, d'autre part, qu'il m'envoie « en avant » (toujours le préfixe « *prae-* »), à la conquête d'un nom qui me soit propre. Ce nom, parce qu'il est pré-nom, me nomme en m'appelant, c'est-à-dire en me projetant au-delà de moi.

Pour le dire autrement, le nom que je porte, parce qu'il est faible sémantiquement, portera ce que j'y aurai mis. Reçu sans que je l'aie choisi, il me met en demeure de répondre tout en me laissant le choix de la réponse. Cette liberté que laisse le nom est sans doute propre à la culture judéo-chrétienne. C'est en elle, d'ailleurs, que le nom de tous les noms a été prononcé, quand Moïse demanda à Dieu, sur le mont Horeb, quel est le nom de Celui qui l'envoyait auprès de son peuple. Or ce nom était : « *Eyeh asher eyeh*[14]. » « Je serai qui je serai. » C'est-à-dire : rencontre-moi, et tu sauras. Paradoxalement, le vrai nom est celui qui « sous- » ou « dé- »nomme, qui nomme juste assez pour que chacun puisse être appelé au-devant de ce qu'il est.

Quand enfin notre vie nous sera redonnée, par le récit qu'on en fera, on découvrira ce nom. Il se situera à la jonction d'un appel et de la réponse que nous lui avons faite. Quand le Seigneur m'appellera par mon nom, comme il est dit du Bon Pasteur[15], je dirai : « Voici ce que j'ai fait du nom qui m'appelait. » Je présenterai l'œuvre d'une liberté ni absolue (comme il en irait si nous devions nous donner à nous-même ce nom), ni relative (comme il en va quand le nom dépend de la place à laquelle il nous assigne), mais relationnelle : j'étais appelé au-delà de moi, vers moi, et j'ai répondu.

« Tu ne peux pas te relire, disait René Char, mais tu peux signer[16] » : l'homme qui meurt appose, sans pouvoir plus rien retoucher, son nom au bas de sa vie.

14. Ex 3, 13-14.

15. Jn 10, 3.

16. René Char, *Feuillets d'Hypnos*, *Œuvres complètes*, Paris, Gallimard, col « Bibliothèque de la Pléiade », 1983, p. 198.

L'offrande

La vraie vie, c'est la littérature en tant donc que chacun en la signant, en fera l'offrande – comme on offre, le soir venu, à celle ou celui qui veut bien l'écouter, le récit de la journée.

Car il n'est de récit qu'offert. Saint Augustin, avant Proust, avait compris que l'unité d'une vie se fait par l'offrande de celle-ci. Être et s'offrir sont une seule et même chose. Ainsi *Les Confessions* d'Augustin ne sont pas l'œuvre d'un sujet constitué et qui raconte sa vie, mais la naissance d'un sujet au fur et à mesure qu'il la raconte. Augustin devient Augustin en confessant ce que fut sa vie, c'est-à-dire en l'offrant, dans un acte de louange et de repentance, à plus grand que lui. Par son récit, cette part de lui « plus intime à lui-même qu'il ne l'est » se découvre en même temps comme la « cime de son être[17] » vers laquelle tendait sa vie et perce sa louange. L'unité de mon être ne se tient pas close en moi-même, elle suppose un Autre pour la recevoir. Mieux : *elle naît de cette offrande*. Et elle finira parfaitement de naître à l'heure de ma mort parce que, en elle, l'offrande parfaite de moi-même sera aussi le don que je recevrai. J'écouterai ce que je fus en le confessant à un Autre. Je passerai aux aveux.

Est-ce là qu'aura lieu le fameux « jugement particulier » de l'âme par son Créateur[18] ? Sans doute.

---

17. *« Interior intimo meo et superior summo meo ! »* (III, 6, 11).

18. « La mort met fin à la vie de l'homme comme temps ouvert à l'accueil ou au rejet de la grâce divine manifestée dans le Christ (cf. 2 Tm 1, 9-10). Le Nouveau Testament parle du jugement principalement dans la perspective de

Mais il ne faudrait pas se méprendre sur ce terme de « jugement », si peu compatible avec le fait, par exemple, que Jésus annonce qu'il n'est pas venu juger les hommes, mais les sauver ; si peu compatible aussi avec l'idée que la résurrection est une bonne nouvelle, sinon *la* Bonne Nouvelle par excellence. En outre, ce terme de jugement se trouve naturellement amené par l'usage des petites morts. Cet usage m'incline en effet à croire que ma vie me sera redonnée à la mesure de sa perte – partiellement dans nos petites morts, totalement dans la mort ultime. Or, avons-nous dit, cela ne se peut que sous la forme du récit, un récit à la jonction d'une vie à la fois offerte et redonnée. Et c'est là précisément ce qui advient dans un jugement : pas de jugement sans « relation des faits ». Le père, pour poser le plus juste jugement, demande au fils de lui raconter ce qui s'est passé.

Mieux : récit et jugement entretiennent des rapports étroits en ce qu'un récit n'est surtout pas « l'histoire qu'on se raconte », celle qu'on ajuste à soi afin de justifier par elle ses actions. Le récit par lequel notre vie nous sera redonnée révélera ce que nous fûmes, sans que nous puissions faire valoir notre version des faits, pleine de complaisance à notre égard. Car si c'est par un Autre que ma vie me sera redonnée, il me faudra sortir de mon point de vue étroit et épouser une perspective plus large. En cela, tout récit est *déjà* un jugement. Raconter sa

la rencontre finale avec le Christ dans son second avènement, mais il affirme aussi à plusieurs reprises la rétribution immédiate après la mort de chacun en fonction de ses œuvres et de sa foi. » *Catéchisme de l'Église catholique*, Première Partie, « La Profession de foi », Deuxième section, « La profession de la foi chrétienne », chapitre III, Article 12, « Je crois à la vie éternelle », I. Le jugement particulier.

bêtise, sans tenter d'y trouver aucune justification, est pour l'enfant l'épreuve qu'une juste punition viendra adoucir. De même raconter le geste bienfaisant qu'on a posé envers telle personne, c'est goûter, dans l'écoute de l'autre, sa bénédiction.

Tout récit juge. Mais de quelle façon ? Si ce n'est dans la complaisance, sera-ce au contraire comme un compte rendu strict des péchés commis et des bonnes actions accomplies ? Non : le récit qui me récapitule n'est certes pas l'histoire qu'on se raconte pour se justifier, mais il n'est pas non plus le rapport, objectif, froid, impartial, de ce que fut ma vie. Car quand quelqu'un m'accueille en son écoute, il prend parti pour ce que j'essaie de dire. Il surmonte mes balbutiements, mes redites, mes silences. Il soutient mon effort pour accoucher de ma parole. De même, on peut penser que Dieu prendra parti pour ce que nous avons, dans notre vie, essayé de dire. Rappelons que Celui qui recueille ma vie sous la forme du récit a répondu à mon cri. Me ferait-il resurgir de la mort si c'était seulement pour mettre au jour mes secrets minables ? En m'offrant d'entendre mon récit, Dieu me récapitule : son écoute est cause de l'unité de ma vie. Comment pourrait-elle n'être que la mise en accusation de ma dispersion ? Dieu ne me sauverait pas du néant pour me montrer à quel point j'y appartiens en fait.

Aussi répond-Il d'abord de ce qui en ma vie offre prise à la vie éternelle : ces offrandes auxquelles, faisant usage des petites morts, j'ai consenti.

Notre vocation : exalter

Le tribunal humain, parce qu'il doit punir en vue d'offrir réparation à la victime, juge les mauvaises actions. Au tribunal, on *entend* l'accusé, on *écoute* la victime. C'est là d'ailleurs sa première fonction : que la souffrance subie soit reconnue. La justice réclame donc l'objectivité pour l'un, l'oreille attentive pour l'autre. L'impartialité reconnaîtra sans doute des circonstances qui atténuent la faute. L'avocat tentera d'adoucir l'oreille des juges. Mais ce qu'on attend d'abord, c'est que justice soit rendue.

Le sens du tribunal divin est tout autre : il naît de vouloir sauver. Il recueille en son récit « les œuvres », ces moments de blessure consentie, et ne voit dans le mal que ce qui en atténue la splendeur. Il ne faut pas oublier ce que Jésus dit de la fin des temps : l'ivraie sera brûlée, le blé sera gardé et en attendant, nous ne devons pas nous occuper de l'ivraie mais continuer de croître en tout ce qui est bon[19].

C'est que Dieu n'a pas besoin de connaître le mal que l'on fait. Il a seulement besoin, et cela change tout, qu'on le lui offre : qu'on ne reste pas dans notre enfer sans saisir la main qu'Il nous tend. Dans l'optique chrétienne, Dieu, en général, ne s'intéresse pas au mal. Dans les Évangiles, Jésus expulse Satan sans s'y attarder, sans s'y appesantir, comme on chasse une pensée trop laide pour prendre place en notre esprit. Dieu, disait le père dominicain Jean-Miguel Garrigues, est « sans idée

19. Mt, 13, 24-30.

du mal[20] ». D'ailleurs la Passion de Jésus montre assez que Dieu souffre de notre violence sans la comprendre. Il la prend sur lui. Il se la prend en pleine figure. Mais à aucun moment sa réponse au mal n'emprunte les méthodes du mal. Pourquoi, dès lors, se complairait-il en nos manquements ?

D'autant que le mal ne peut fondamentalement rien ôter à Dieu. Pourquoi dès lors en ferait-Il la mesure unique de ma vie ? Mon mal ne peut fondamentalement rien ôter à Dieu parce que Dieu n'avait pas besoin, pour être ce qu'Il est, de la Création du monde. Dieu, si on le pense de façon trinitaire (et il n'est raisonnablement pas de meilleure façon de concevoir son être), Dieu, donc, s'aime et se connaît parfaitement, de toute éternité. Aussi quand Il crée le monde, est-ce par surcroît, gratuitement, comme l'amour entre l'homme et la femme appelle à la vie un enfant qui s'ajoute à cette union, qui, à la limite, l'objective, mais ne la fonde pas. Dieu crée le monde sans raison, comme l'on fait don de soi, afin de partager hors de Lui la joie trinitaire, celle qui bat en son cœur. S'il y a donc en toute action belle et bonne quelque chose qui exalte sa puissance d'aimer, qui sanctifie son nom, à l'inverse, il n'y a dans nos médiocrités et notre péché qu'un manque à gagner. Et ce manque l'est d'abord pour nous : Dieu étant absolument antérieur à la Création du monde, nous pouvons certes augmenter sa gloire (ce que l'on fait quand on laisse passer ici-bas un peu de son

20. Jean-Miguel Garrigues, *Dieu sans idée du mal*, Paris, DDB, 1998, rééd. Ad Solem, 2016.

amour[21]), mais ne pouvons pas la détruire, ni même la diminuer. Il faudrait en effet que Dieu ne fût pas déjà, en Lui-même, par Lui-même, relation d'amour, il faudrait que Dieu eût donc besoin de sa Création comme d'une attestation de sa propre grandeur, pour que la chute des hommes fût aussi la sienne. Mais au contraire, Dieu *est*, de tout temps, et le mal, dès le commencement, avait perdu : Satan travaille, non au néant de Dieu, mais au sien propre. Pour le dire autrement, il n'y a pas d'égalité entre le bien et le mal : tandis que mon action bonne exalte à la fois Dieu et moi-même, l'acte mauvais ne diminue que moi.

La rencontre

Le Jugement, comme le récit duquel il ne faut pas le détacher, fera de notre vie la nôtre. Mais elle ne sera alors nôtre que pour être offerte. À l'heure de notre mort, nous offrirons à Dieu le récit qu'Il nous racontera. Comment est-ce possible ? Il y a dans le récit un cercle vertueux. Où se trouve en effet l'unité de ma vie ? Dans l'offrande que Dieu m'en fait en me ressuscitant ? Ou dans celle que je lui fais dans la mort qui me confie à lui ? Réponse : les deux. L'un dans l'autre et l'un par l'autre.

Le récit s'entend du paradoxe de l'écoute : d'un côté, je ne peux parler vraiment que si tu m'écoutes ; d'un

21. « Tout mouvement de compassion pure dans une âme est une nouvelle descente du Christ pour être crucifié » (Simone Weil, *Cahier 13*, *Œuvres complètes*, t. VI, vol 4, p. 124).

autre côté, tu ne m'écoutes que si je m'adresse vraiment à toi – que si, te parlant, j'écoute ton écoute.

Pour le dire autrement, le Jugement sera une rencontre. Rencontre de moi avec moi-même à travers l'écoute de Celui qui me sauve. Rencontre de moi avec Celui qui me sauve dans la surprise que j'aurai d'entendre ce que, de ma vie, Il entend, de voir ce qu'Il en retient – « retient » au sens fort de ce qu'Il en a élu et en sauve. Dieu sera envers nos vies comme Cézanne avec ses pommes : sans complaisance, en vérité, pour pouvoir mieux les magnifier sans les idéaliser. Je recevrai ainsi ma vie des mains d'un Dieu dont je comprendrai alors un peu mieux la façon d'être et de faire, dont je saisirai mieux « le style ».

« Rendez-vous ! » assène la mort, comme au bandit vaincu et cerné par les forces de l'ordre. Il faudra en effet tout perdre, tout rendre, et jusqu'à son dernier souffle. Mais puisque c'est au Créateur qu'on se rend, cette terrible injonction, ce « Rendez-vous ! », s'entend finalement du rendez-vous : toute notre vie, nous cheminions, nous préparions, chaque jour moins encombrés, l'ultime rencontre.

La vie est un trajet, de la naissance à la mort. Ce trajet a son déroulé, qui ne suffit pas à en faire un sens : *on reçoit* d'abord : soins, nourritures, éducation ; *on prend* ensuite ce qui nous agrée ; par là, on devient davantage propriétaire de soi ; puis *on dépose*, on abandonne au fur et à mesure, au bord du chemin, tout ce que nous aurons pris et appris. Tout cela a-t-il un sens ? Un trajet, quel qu'il soit, a un sens s'il y a, au bout du chemin, quelqu'un qui m'attend : s'il est un rendez-vous. Même une promenade, qui n'a pas de but autre qu'elle-même, est un rendez-vous avec le chant des oiseaux, les arbres au bord du chemin, l'orange poudré des lampadaires. Un trajet a son sens plein si celle ou celui qu'il rejoint, non seulement m'attend, mais m'aime et m'espère. De même avec la vie : elle a un sens si, entre la naissance et la mort, se dessine un trajet, se révèle comme un rendez-vous. Le sens de la vie n'est pas *avant* celle-ci, de sorte que ma vie serait, comme le craignait Sartre et qu'il reprochait à la thèse essentialiste, « comme sur des rails ». Mais il n'est pas non plus créé *ex nihilo* par l'homme – et ce, pour la simple et bonne raison que si c'était l'homme qui donnait sens à sa vie, ce sens n'en aurait lui-même *aucun*. Ni donné d'abord, ni donné arbitrairement, le sens de la vie naît de son offrande progressive à un Autre qu'on apprend peu à peu à mieux connaître (et à posséder moins). La condition nécessaire et suffisante pour que la vie ait un sens, c'est que le « Rendez-vous ! » de la mort, par lequel il faudra tout remettre, soit finalement un rendez-vous. Ce qui signifie que, sans la perspective de notre résurrection, la vie n'a de sens que celui qu'on lui donne – c'est-à-dire : aucun.

La mesure du jugement

La vie, redonnée en un récit qui est aussi un jugement, tend vers une ultime rencontre. Or il y a dans toute rencontre un excès de la personne rencontrée sur l'image qu'on s'en faisait. Car si je ne suis pas en quelque mesure surpris par une rencontre, si je ne suis pas touché par elle, c'est que, dans cette prétendue rencontre, je n'ai jamais rencontré que moi-même. Cela devrait indiquer assez clairement que le Jugement ne le sera pas à la façon des hommes : si le Jugement est une rencontre, nous ne pouvons savoir exactement la mesure dont il sera servi pour nous juger. Nous connaissons sans doute la mesure dont nous nous servirions pour nous condamner. Nous savons certainement celle qui convient pour accuser l'autre et le condamner – mesure dont Satan se sert pour nous jeter dans le cercle vicieux de l'accusation et ajouter à nos minables péchés le péché plus terrible de se croire impardonnable[22]. Mais connaissons-nous la mesure dont Dieu se sert ? Savons-nous les dimensions de sa miséricorde ? La profondeur de son cœur ? « Quand ton cœur te condamne, dit saint Jean, souviens-toi que Dieu est plus grand que ton cœur[23]. » Puisque le Jugement par lequel notre vie nous sera redonnée, nous ne nous le donnons pas à nous-mêmes, et puisque nous ne le recevons pas même d'un homme, nous sommes confiés à l'espérance. D'ailleurs qu'il faille être jugé indique bel et bien que nous ignorons pour une part la mesure dont Dieu usera pour ce faire : si nous connaissions parfaitement la portée de nos actes et la mesure de leur valeur, il n'y aurait pas besoin de Jugement. Ceci est déjà vrai du point de vue du monde : l'homme n'aurait pas eu besoin d'inventer les tribunaux

22. Cela, saint Claude de la Colombière l'exprime nettement : « Je vous ai grièvement offensé, ô mon aimable Rédempteur : mais ce serait bien encore pire, si je vous faisais cet horrible outrage de penser que vous n'êtes pas assez bon pour me pardonner. »
23. 1 Jn 3, 20.

s'il pensait que chacun connait non seulement ses fautes, mais les peines qu'elles impliquent.

La mesure dont Dieu se servira pour nous juger, nous savons toutefois qu'elle dépendra du sens profond de ce Jugement, qui est, rappelons-le, l'acte par lequel nous recevrons notre vie après en avoir été parfaitement dépris, afin qu'elle ne s'abîme pas dans le néant. Cette mesure aura le sérieux d'une mort évitée et la douceur d'une vie sauvée.

Et puis il y a autre chose : nous possédons d'autant moins la mesure par laquelle nous serons jugés que ce qui plut à Dieu, dans cette vie qui fut la nôtre, aura précisément été ce par quoi on s'était dépossédé de soi. C'est cela qu'on a offert, sans parfois même le savoir, c'est cela qui nous sera à nouveau donné. C'est en ces moments de déprise (l'écoute du prochain, le consentement à l'épreuve, la contemplation de la beauté du monde…) que, déjà, nous étions éternels. Le Salut est une surprise. Nous l'avons dit : en découvrant ce que Dieu récite de nous, nous rencontrerons Dieu ; en écoutant la façon dont Il entend notre vie, nous Le connaîtrons un peu mieux. Nous aurons la surprise d'entendre notre vie prononcée de plus haut et de plus loin que nous ne le pensions, à partir d'un Amour plus fortement offert. Nous nous étonnerons nous-mêmes. Nous nous étonnerons de ce que telle action, d'autant plus anodine qu'elle était accomplie par obéissance, ait participé à la joie de Dieu. Notre vie sera bien celle qu'on a vécue, mais transfigurée. Ce que la théologie dit ainsi : le corps du ressuscité sera le même, mais ce sera un corps glorieux.

On retrouve ainsi la belle intuition que Bernanos partage à Amoroso Lima et que nous évoquions plus haut : ce que nous sommes, nous l'ignorons parce que nous sommes finalement ce dont les autres manquent et qu'ils trouvent en nous quand ils en ont besoin. À quoi bon, demandait Bernanos, faire l'inventaire de ce magasin dont on ne possède pas les clefs et où la Providence entrepose ce qu'elle veut ?

C'est pourquoi, sans doute, il faudra faire le deuil de nos grandes œuvres : nous recevrons, des mains divines, d'autres œuvres moins éclatantes humainement, mais qui portaient discrètement le sceau du Royaume. Simone Weil imaginait que nous serons sauvés par un de ces moments offerts, mais offerts au point que nous n'en ayons pas même gardé la mémoire, comme il advient dans l'oreille toute prêtée ou l'obéissance parfaite à la tâche à accomplir. Dans l'Évangile dit « du Jugement dernier[24] », Jésus dit : J'avais faim, j'avais froid, j'étais enfermé, et vous m'avez nourri, réchauffé, visité. Quand avons-nous fait cela ? s'étonnent ceux à qui Jésus s'adresse. Ils ne s'en souviennent pas. Peut-être se rappellent-ils d'autres œuvres, plus dignes d'être relatées – mais par là moins offertes. Peut-être avaient-ils gardé en mémoire celles qui, croit-on, donnent un accès sûr à la vie éternelle. Mais ces œuvres satisfaites d'elles-mêmes tomberont dans le néant. Préférerons-nous tomber avec elles plutôt que d'être sauvés par la discrète obéissance à nos devoirs quotidiens[25].

---

24. Mt 25, 34-46.

25. Voir par exemple *Cahier* 8, *op. cit.*, pp. 122-123. Les grands saints (pensons

La peine

Résumons-nous : le Jugement est don de soi à soi-même dans le récit que Dieu fait d'une vie qui, de ce récit, sort divinisée, transfigurée. Le Jugement, avons-nous dit aussi, est rencontre : excès de l'amour de Dieu sur ce que nous pouvons en concevoir. Une question s'impose : ne sommes-nous pas en train de vider l'idée de Jugement de toute consistance ? Ce faisant, n'ôtons-nous pas à la vie humaine son caractère risqué, libre, dramatique, entre Eternité à conquérir et Enfer à rejeter ? Certains propos de la tradition judéo-chrétienne, celle qui, pourtant, se révèle être la plus proche de la perspective ouverte par l'usage des petites morts, sont d'ailleurs terribles à entendre. « Il y aura là, dit Jésus, des pleurs et des grincements de dents[26]. »

Veillons à ne pas passer sous silence ces bruits infernaux, simplement parce qu'ils nous sont désagréables. D'un autre côté, comment une peine et un châtiment peuvent-ils être compatibles avec le fait que le Jugement dont ils émaneront est par lui-même une grâce ? Comment pleurs et grincements de dents peuvent-ils procéder de la grâce d'avoir été parfaitement redonné à soi-même ? Si nous sommes jugés, n'est-ce pas par amour ?

Oui, et c'est en cela justement que consiste la peine – sans même qu'elle fasse, de la part de Dieu, l'objet d'aucun désir. Car que découvrirons-nous en recevant notre vie

---

à Bonaventure, à Thérèse d'Avila) aimaient faire la vaisselle…

26. Surtout en Mt avec six occurrences (8, 12 ; 13, 42 ; 13, 50 ; 22, 13 ; 24, 51 ; 25, 30), mais aussi en Lc (13, 28).

des mains de Celui qui ne l'a pas laissée choir ? Qu'on a beaucoup reçu : d'amour, de blessures. Qu'on a beaucoup manqué : à l'amour, à la confiance. Qu'on n'a pas toujours su lire dans la blessure sa part d'ouverture, et dans nos petites morts ce qu'elles apportaient de vie nouvelle. Et qu'on a préféré la sécurité à la confiance, le confort à la prise de risque, et, à la joie, les bonnes raisons qu'on trouvait de se plaindre. Le Jugement sera de voir comme on a manqué d'amour par peur de manquer. Tiré du néant, entendu dans son cri, on verra comme on a entretenu de vaines peurs : la promesse que fait toute vie en venant au jour, on craignait qu'elle ne fût jamais tenue, à cause de ce triste soupçon que tout ce qui dans cette vie est beau, l'est trop pour être vrai.

Le Jugement sera peut-être simplement de lire sa vie avec Celui par qui tout nous est redonné, et selon son point de vue. « Simplement », mais ce sera alors à la fois heureux et douloureux, ce sera la joie et la peine, la couronne de laurier et le châtiment. Pour nous rendre mieux sensible la conjonction de ces deux affections, bonheur et douleur, imaginons une femme dont l'homme, subitement, a disparu. Leur amour, pourtant, lui avait paru indiscutable. Elle ne comprend donc pas. Il y a eu, c'est vrai, cette annonce, un jour, qu'il devrait sans doute la quitter. Elle n'y avait guère prêté attention. Elle n'y avait pas cru. N'avait-il pas ajouté du reste qu'elle devrait, en toutes choses, garder confiance ? C'était ce que, croyait-elle, elle avait fait en refusant alors de prendre son homme au sérieux. Et il est parti.

Tantôt, elle parvenait à vivre dans la promesse de son retour. Elle croyait apercevoir par moments des signes de sa présence. Était-elle folle ? Une publicité lui arrivait de l'hôtel où ils avaient passé l'une de leurs nuits d'amour. Ou bien, quelques jours plus tard, un passant posait sur elle un regard, insistant et furtif, dont la lueur était celle qu'elle connaissait à son mari…

Tantôt, ce n'était que rage et ressassement. Dans ces moments-là, plus ou moins longs (parfois un mois tout entier), elle se faisait du mal : buvait trop, fumait trop, se jetait dans les bras d'hommes mal-aimants. Elle se vengeait ainsi de l'absence de son mari.

Il lui arrivait aussi de se demander si celui-ci avait jamais existé. Elle doutait elle-même de sa propre existence. La vie, alors, perdait tout contour et toute consistance.

Un jour, il lui est revenu. La raison de son départ et de son absence aussi. Comment avait-elle pu oublier ? C'était pour la protéger, il le lui avait dit, et jamais il n'avait été question pour lui de disparaître pour toujours. Ne lui avait-il pas donné des signes de sa vie ? Il savait la patience de sa femme. Elle lui avoua ses infidélités. Ils pleurèrent sur cette épreuve et sur leurs retrouvailles. La femme, ressaisissant toute l'histoire à partir de la bonne nouvelle de ce retour, était toute douleur et toute joie. La joie était douleur, mais sa douleur n'était que joie.

Telle pourrait être la tonalité affective du Jugement. Voyant comme nous avons manqué de confiance et d'amour, notre peine mesurera notre joie, et réciproquement. Entrelacement de tons où la joie donne toutefois la note : quand on est rassuré après avoir craint bêtement de perdre un être cher, on pleure de joie de se trouver idiot. On prononce en même temps ces deux mots : pardon et merci.

Refus et pardon

« À qui il fut beaucoup donné, sera beaucoup demandé[27] » : à nous à qui il fut donné d'aimer et d'être aimés, il sera demandé pourquoi nous avons si souvent prêté notre peur aux menaces de mort qui jalonnaient notre existence et si rarement cédé aux appels de la vie. Emil Cioran lui-même s'étonne :

> Par quelle étrangeté du sort, certains êtres, arrivés au point où ils pourraient coïncider avec une foi, reculent-ils pour suivre un chemin qui ne les mène qu'à eux-mêmes – et donc nulle part ? Est-ce par peur qu'installés dans la grâce ils y perdent leurs vertus distinctes ? Chaque homme évolue aux dépens de ses profondeurs, chaque homme est un mystique qui se refuse : la terre est peuplée de grâces manquées et de mystères piétinés[28].

Pourquoi, en effet, avons-nous systématiquement préféré les menaces de mort et leur cohorte de tristesse, d'envie, de jalousie ? Pourquoi avoir entendu dire que Dieu est amour, que donc le fond de l'être est bon, que l'homme n'est pas, en ce monde, hors sens ou hors sujet, qu'il a même la tâche simple et gratuite d'exalter le Créateur : pourquoi l'avoir entendu dire sans se le laisser dire ? Qu'est-ce qui nous a si souvent retenus de vivre et de mourir d'amour ? On dira peut-être, pour s'excuser, qu'on

27. Lc 12, 48.

28. Emil Cioran, *Précis de décomposition*, « La solitude – Schisme du cœur », Paris, Gallimard, NRF, col. « Idées », 1966.

n'a pas reçu, dans l'enfance notamment, assez d'amour – assez pour le dispenser sans crainte. Mais on sait aussi que l'amour est ce qu'on peut donner sans l'avoir d'abord, de sorte qu'on l'ait enfin.

Toutes ces questions nous feraient, à notre mort, mourir une seconde fois, en mourant de remords. Car qu'y a-t-il de pire, sinon de découvrir que la méfiance qu'on nourrissait envers un être, par laquelle on prenait soin de se gâcher l'amour et la vie, n'était en réalité pas justifiée ? On mourra de voir comment, ayant reçu la vie, on était pourtant mort. Peut-être est-ce cela, ce qu'on appelle la « seconde mort », la damnation ? Il y a damnation si le bout de soi qui refuse de céder à l'amour devient le tout de sa vie. Aussi vaut-il mieux l'extirper que de le laisser gangrener le reste : comme l'indique expressément Jésus, il vaut mieux entrer borgne ou manchot dans le royaume des Cieux que de tomber de tout son poids dans la géhenne[29].

L'urgence paisible

Voilà comment la Bonne Nouvelle (un Dieu qui est Père, c'est la Bonne Nouvelle) peut être en même temps une peine, reçue dans l'épreuve d'un Jugement. Épreuve qu'il faut craindre de son vivant, afin d'en alléger le poids. Les propos terribles de Jésus nous pressent d'écrire à partir de maintenant une vie qui plaît à Dieu[30].

---

29. Mt 5, 30 ; Mc 9, 42, etc.

30. « Chaque vie parfaite est une parabole inventée par Dieu » (Simone Weil,

Notons que le damné « pleure et grince des dents » : ce ne sont pas là des châtiments qu'il subit de l'extérieur, que Dieu se plairait à donner ou à prescrire, mais des remords qui le torturent, *de l'intérieur.* Remords qui, dès cette vie, nous terrassent parfois. Jésus, en nous sommant de donner notre cœur à l'amour, sans craindre à la dépense, veut seulement nous épargner de les vivre à jamais. Cela commence aujourd'hui.

Car même si elle est éternelle, on n'a qu'une vie. La perspective de la résurrection, bien loin de relativiser la valeur de notre vie, en donne la mesure. Elle en dessine même l'urgence. Mais c'est là une urgence paisible. C'est aujourd'hui que je dois mettre au monde ce que je veux être pour l'éternité. Cette pierre pour construire la Cité céleste, si nul ne l'apporte, qui le fera ? Car certes, on n'a qu'une vie, mais elle est éternelle.

On raconte que César Franck avait projeté d'écrire cent pièces d'orgue. À la fin de sa vie il n'en avait écrites que soixante-six. L'un de ses disciples s'en attrista. César Franck le rassura : « J'écrirai les trente-quatre autres au paradis. » Telle est l'urgence paisible : à la fois il fallait écrire ce qui pouvait l'être ; c'était urgent, nécessaire ; mais il fallait aussi abandonner son œuvre, ne pas se faire du souci pour elle, la réaliser comme par surcroît, sachant que ce qu'elle ajoute à la gloire de Dieu est bel et bon, mais non point décisif. À un journaliste qui s'inquiétait de son hyper-créativité, Rainer Werner Fassbinder (qui avait, dans l'année, écrit et monté plusieurs pièces de théâtre, réalisé un film…) répondit : « Je me reposerai quand je

---

Cahier 17, Œuvres complètes, t. IV, vol. 4, p. 315).

serai mort. » Il est mort, à 37 ans, d'une overdose de cocaïne. C'était là l'urgence, mais sans la paix. César Franck, non moins travailleur, mais moins soucieux de faire tenir en une seule vie tout le désir qu'il en avait, mourut trente ans plus vieux que Fassbinder.

On n'a qu'une vie, et elle est éternelle. Il faut tenir les deux : l'irréversibilité de la vie et son éternité. Si l'on ne garde que la première proposition, on se retrouve avec cet appel angoissé à tirer profit de la vie, dans le labeur excessif ou la jouissance sans entrave. Mais il n'est pas meilleur d'oublier l'urgence de vivre cette vie : car confesser la vie éternelle aura longtemps permis de s'accommoder de l'injustice et du malheur. Beaucoup de chrétiens remirent à l'au-delà la fureur de vivre dont on a besoin pour faire un peuple de saints. Cette vie, il faut la tenter tout entière, non par crainte de la perdre bientôt, mais parce que, promise à l'éternité, rien n'est à perdre, tout est à gagner.

Ce qu'il y a à y gagner, c'est le petit peu qu'on apportera à Dieu afin qu'Il en fasse quelque chose d'extraordinaire. Ce sont nos œuvres, nées de l'usage des petites morts, ce sont cinq pains et deux poissons, qui suffiront, une fois passés par les mains du Christ, à nourrir une multitude d'ans[31].

« Éternellement en joie pour un jour d'exercice sur la terre », écrivait Blaise Pascal pour conclure son mémorial. C'est cela : nous fabriquons le pain et pêchons le poisson, ce ne sera pas grand-chose, mais c'est *déjà* éternel.

---

31. Voir Jacques Ellul, *Mort et espérance de la résurrection*, *op. cit.*, pp. 48-49.

On voit par là que l'éternité est le seul point de vue d'où l'on peut parler, sereinement et sans fard, de la vie et de sa relation à la mort. On entend partout : l'homme a inventé la vie éternelle pour ne pas avoir à envisager sa mort. Mais c'est l'inverse qui est vrai. Aperçue de l'éternité, non seulement la mort reste ce qu'elle est (une totale déprise, un parfait dessaisissement), mais la vie acquiert une densité certaine. Nietzsche lui-même l'avait compris : selon lui, seule la perspective de l'éternel retour peut inspirer à l'homme de donner à sa vie le poids d'amour qu'elle mérite. Si l'on m'annonçait que ma vie devait revenir éternellement, et exactement de la même manière, je comprendrais l'urgence de faire de ce jour quelque chose de beau – de beau, au point que la perspective de son retour éternel ne m'apparaisse pas comme angoissante : « Veux-tu ceci ou cela, encore et une quantité innombrable de fois ? », demande Nietzsche. « Cette question pèsera sur chacune de tes actions d'un terrible poids ! Combien il te faudra désormais aimer la vie, et que tu t'aimes toi-même[32] [...] ! » Mais chez Nietzsche, ce n'est jamais que « l'éternel retour du Même » : « Cette vie, présente et passée, il te faudra la vivre encore à nouveau, et d'innombrables fois. En elle, rien de nouveau, tout au contraire : chaque douleur et chaque joie, chaque pensée et chaque regret, l'infiniment grand et l'infiniment petit de ta vie, tout cela doit revenir, dans la même suite, dans le même ordre – et cette araignée et le clair de cette lune entre les branches des arbres... »

32. Nietzsche, *Gai Savoir*, § 341, traduction personnelle.

Par quoi l'on voit peut-être que Nietzsche peine à se déprendre jusqu'au bout : l'éternel retour du Même, ce n'est pas la vie redonnée, c'est encore la vie réitérée. D'un côté, Nietzsche sent bien qu'il est besoin de l'éternité pour donner à la vie humaine tout son poids et sa profondeur ; d'un autre côté, au moment où il approche de la déprise parfaite, il renvoie la vie à la vie, sans passer par la mort. Il recule devant la résurrection.

La perspective que nous tentons de dégager dit ceci : l'aiguillon de la mort[33], ce n'est pas qu'on doive mourir un jour et qu'il faille donc s'empresser de vivre le plus intensément ou le plus longtemps possible. L'aiguillon de la mort, c'est que cette dernière nous rendra éternels. L'urgence dans laquelle nous met la mort, c'est qu'on doit savoir aujourd'hui ce qu'on veut être pour toujours. À l'inverse, en ôtant de la vie la perspective de sa transfiguration en vie éternelle, non seulement on cesse de pouvoir regarder la mort en face (on refuse de l'envisager comme un dessaisissement radical), mais en outre on prive la vie de ses contours propres. Car alors la question n'est plus : qu'ai-je envie que Dieu retienne en Lui de moi ? Mais : que faire pour durer le plus possible ?

Nous sommes éternels

Le contraire de cette vie sans contour, c'est celle de l'homme qui est *déjà* éternel. Déjà ? Comment est-ce possible ? Réponse : en recevant toute sa vie de qui nous

33. 1 Co 15, 55-56.

la donne. « C'est le détachement qui rend toutes choses éternelles[34] », écrivait Simone Weil. Cela commence ici-bas, chaque fois que je fais énergiquement ma longue et lourde tâche, avec la confiance que tout ce que je n'aurais pu y mettre, Dieu l'ajoutera. En un sens, on a, comme le veut l'expression, la vie devant soi. Mais on ne la voit pas. « Ce n'est pas de temps à autre que la vérité est là, mais nous qui sommes je ne sais où la plupart du temps », disait le poète Henri Thomas. Car voilà qui est étonnant : si ce que je recevrai en paradis, c'est ma vie elle-même, par le récit qui se fera entre Dieu et moi, c'est donc qu'il y a dès maintenant, en toute vie, de quoi la ressusciter.

Approchons-nous, le spectacle a *déjà* commencé ! Il est là, sous nos yeux. On ne le voit pas. « Combien de fois la clarté des étoiles, le bruit des vagues de la mer, le silence de l'heure qui précède l'aube viennent-ils vainement se proposer à l'attention des hommes[35] ? » demande Simone Weil. Cette faute d'inattention est-elle sans conséquence ? Pas tout à fait, car à force de regarder ailleurs, on est, dit-elle, « puni par le châtiment d'une vie médiocre ». C'est peut-être la raison pour laquelle, dans nombre de mythes, le paradis est au commencement : il était déjà là, au début. Dans la tradition judéo-chrétienne, on l'a perdu parce qu'on craignait de le perdre justement : on a dévoré le fruit, quand il s'agissait de le regarder. Il faut donc apprendre de nouveau à voir, à regarder l'arbre de vie qui, comme le blé parmi l'ivraie,

34. Simone Weil, *Cahier 17*, *Œuvres complètes*, t. VI, vol. 4, *op. cit.*, p. 323.
35. Simone Weil, *L'Amour de Dieu et le Malheur*, *op. cit.*, p. 716.

pousse discrètement. Le paradis est déjà là : ce qui, dans notre vie, offre prise à la résurrection, se tient quotidiennement à portée de notre joie.

Aussi n'y a-t-il sans doute rien d'extraordinaire à dire au sujet du paradis qui nous attend au-delà de la mort. Ce sera cette vie même, soulagée du péché et de la peur de mourir. Qui voudrait mieux, qui s'attend au « parc d'attractions » ou aux plaisirs dont il s'est héroïquement privé ici-bas, vit encore dans l'enfer de l'appropriation.

Et en même temps, même si l'on voulait accueillir de cette vie toute la saveur, percevant, ici et maintenant, la part d'éternité de toutes choses, on ne le pourrait pas. Nous découvrirons à notre mort les dons dont nous ne pouvons pas encore aujourd'hui mesurer la largesse. Par manque de recul, sans doute. Mais aussi parce que si l'on voulait prendre la mesure de la grandeur de Dieu en ses dons, on en aurait le cœur si dilaté qu'il exploserait. « Si tu savais le don de Dieu[36]… » : on ne le sait pas, on ne peut le savoir sur cette terre. C'est énorme, c'est hors norme. Comme si Dieu avait mis en ce monde plus d'amour qu'on en pouvait contenir.

La pensée des bienfaits de notre vie présente est impossible à poursuivre jusqu'au bout pour cette autre raison que, tant que dure notre séjour sur terre, nous pouvons à tout moment perdre l'un de ces bienfaits. Un enfant nous est donné, confié à nos soins. Or nous sentons, en le serrant dans nos bras, ce qu'il porte au monde de fragilités. Nous ne pouvons trop penser à la merveille qu'il est : cela donne des insomnies. Il arrive

---

36. Jn 4, 10.

parfois qu'on lui en veuille d'avoir creusé en notre cœur un nouvel espace, assez grand pour l'accueillir et qui fait comme un souffle au cœur. On taquine l'enfant, on l'embête, il proteste : s'il savait comme on l'aime, il s'en étonnerait moins. Il est humainement impossible de supporter l'amour que Dieu crée à chaque rencontre. Quand on y pense trop longtemps, on sent qu'on contient cela assez mal : on déborde, on se met à pleurer. On pourrait presque en mourir. Heureusement, le quotidien appelle chacun à des tâches plus banales.

Mais parce qu'il peut mourir, il m'est aussi rappelé que l'enfant ne m'appartient pas : qu'il appartient à sa vie, et que celle-ci est indépendante de toute prise. La mort est le *noli me tangere*[37] que chacun oppose sans le savoir aux amours jaloux : n'oublie pas que je vais mourir ; n'oublie pas, donc, que tu peux, en cette vie, seulement me recevoir, jamais me retenir. Notre relation à l'autre aussi s'entend seulement d'un *usage*.

Ainsi donc, non seulement ma mort, mais aussi celle d'autrui, est une grâce aperçue *per speculum*, « en miroir » : car c'est en tant que tu ne m'appartiens pas, que je peux pleinement te recevoir. La grâce de l'autre, c'est qu'il nous soit donné sans assimilation possible : sa mort le donne à lui-même, le rend inappropriable. C'est terrible pour l'amour… dont c'est pourtant la condition. On n'aime vraiment, en effet, que si l'on consent à l'altérité de l'être aimé. « Il l'a tuée par amour », lit-on chaque année dans les journaux : l'amour jaloux ne

37. « Ne me touche pas », ainsi que Jésus l'exige de Marie-Madeleine après la Résurrection. Voir Jn 20, 17.

supporte pas que l'autre lui échappe. C'est pourquoi, il voudrait forcer son for intérieur (« Dis, chérie, à quoi tu penses ? Ou plutôt, à qui, n'est-ce pas ? Dis-le-moi... ») et finira par réduire l'être aimé à l'état d'une chose sans intériorité (un cadavre). Mais, par la mort que le jaloux lui inflige, l'être aimé lui aura totalement échappé. En amour, on n'a donc pas d'autre prise que de creuser son cœur sans pouvoir y contenir qui que ce soit. Et nous n'avons, pour guérir de nos peurs jalouses, que de se laisser dire : « Ce qui t'échappe de moi, si tu m'aimes, laisse-le-moi – car ainsi je pourrais t'en faire l'offrande. » C'est cette même offrande qui, faite totalement à Dieu au moment de sa mort, ressuscitera celle ou celui que nous aimons, de sorte que nous aurons l'éternité en partage.

« L'omnitude des nouveautés »

Quand alors on sera définitivement libéré de cette peur de perdre, quand devant soi il n'y aura plus que la Vie reçue en Dieu, on prendra doucement le temps d'y regarder de plus près : ces liens invisibles qu'on appelle amitié, amour, affection, confiance, on verra comme ils soutenaient discrètement le monde. On s'émerveillera. Voyant enfin à l'endroit ce qu'on voit ici-bas à l'envers, on s'étonnera : malgré le mal qu'on introduit dans le monde, comme tout cela est bien fait !

Un court passage de la *Confessio philosophi*, dialogue qu'écrivit Leibniz en 1673 entre un « théologien catéchiste » et un « philosophe catéchumène », tente de rendre cet émerveillement du ressuscité à travers le langage de la philosophie :

> Les bienheureux, une fois admis, par un progrès continu, à tout l'infini, jusqu'à Dieu, c'est-à-dire à l'harmonie universelle et à la raison suprême des choses, après avoir embrassé celle-ci comme concentrée en un seul coup d'œil, ont cependant une délectation sans fin parce qu'ils la multiplient à l'infini par une réflexion plus distincte orientée vers les parties variées de l'objet de leur joie, car il n'y a point de pensée et, par suite, point de plaisir sans nouveauté perpétuelle et sans progrès[38].

À quoi le théologien catéchumène objecte que cette vision béatifique aura sans doute quelque chose d'un peu lassant. On n'a pas attendu Woody Allen pour craindre que l'éternité fût longue, « surtout sur la fin »... La réponse du philosophe est forte : la contemplation de notre vie ressuscitée ne se lassera jamais de « l'omnitude des nouveautés ». L'expression est étrange, comme Leibniz en ose parfois. Mais ce qu'il veut dire n'en est pas moins très beau : s'il y a un mystère dans cette Création où notre petite vie se déploie, ce n'est pas un mystère d'opacité, mais d'*intelligibilité* : il y a plus à aimer et à connaître dans ce monde que nous n'en sommes capables. Il y a par exemple dans ce monde des dizaines de spécialistes de la noix : ce fruit tout simple requiert autour de lui des vies entières de travail. Et l'on

38. Leibniz, *Confessio philosophi, La Profession de foi du philosophe*, traduit par Yvon Belaval, *op. cit.*, p. 95.

n'aura peut-être pas tout dit. Que faudrait-il d'études émerveillées pour épuiser le mystère du corps humain ? Pour entrevoir l'intelligence qui le traverse ? Ce n'est pas parce qu'un miracle arrive tous les jours qu'il n'est pas un miracle : ainsi du matin qui se lève, de l'enfant qui naît, de l'amitié qui s'installe entre deux êtres.

Aussi ne craignons pas de nous ennuyer dans l'au-delà : il faudra bien l'éternité pour prendre la mesure de ce que fut la Création. Écoutons donc l'objection du théologien et la réponse du philosophe :

> Le théologien : Mais comment la vision de l'essence divine pourrait-elle croître [...] car si elle est la vision de l'essence, elle est exacte ; si elle est exacte, elle ne peut croître. Le philosophe : Même exacte, la connaissance peut croître, par la nouveauté non de matière, mais de réflexion[39]. Le théologien : J'avoue que je me suis souvent demandé de quelle sorte pouvait être le plaisir dans la vision béatifique, l'esprit comme paralysé d'étonnement et figé en un seul regard immobile : vous, avec bonheur, vous avez dissipé suffisamment pour moi, ce nuage, et vous avez fait la conciliation avec *l'omnitude des nouveautés*[40].

39. Par exemple, la conception exacte d'un cercle ne coïncide pas avec la conception de l'ensemble de ses propriétés. Je peux savoir ce qu'est un cercle (ensemble des points équidistants d'un point donné) en ignorant que la mesure de l'angle au centre fait le double de la mesure d'un angle inscrit interceptant le même arc de cercle.

40. *Ibid.*

La décréation

On connaît peut-être la nouvelle de Léon Tolstoï, *La Mort d'Ivan Illitch*[41]. On connaît moins la « mortalité » de son presque homonyme Ivan Illich. Ce dernier fut, au XXe siècle, le penseur de la convivialité et le critique de la toute-puissance médicale. Au milieu des années 1980, une tumeur apparut sur le côté droit de son visage. Comme l'écrit Olivier Rey :

> Parce qu'une opération risquait de lui ôter l'usage de la parole, il préféra y renoncer et, comme les traitements sophistiqués lui répugnaient, il se contenta de fumer de l'opium pour calmer les souffrances lorsque celles-ci le tourmentaient. Il appelait cette tumeur « ma mortalité ». Il continua de vivre et de travailler, et s'éteignit paisiblement le 2 décembre 2002 à Brême, à l'âge de soixante-seize ans[42].

Cela peut obliger, ou impressionner : serais-je capable d'un tel consentement ? Serai-je capable de refuser l'hyper-médicalisation de ma mort ? Au fond, peu importe : il s'agit surtout, à un moment quelconque, d'être un complice de l'essentiel, à l'endroit même où l'on se trouve, et quand bien même ce serait de mauvaises raisons qui nous y auraient mis. Untel aura paniqué et, assez âgé pourtant, sera entré dans la mécanique

41. Tolstoï y raconte l'ouverture à la vie d'un homme au tempérament étroit qui apprend qu'il doit bientôt mourir.

42. Olivier Rey, *Une question de taille*, Paris, Stock, 2014, pp. 260-261.

médicale ? Mais s'il y consent, par obéissance à ce qui se joue dans la vie, il ne sera pas dans cet hôpital seulement par peur, mais bel et bien « en mission » : qui aime est toujours envoyé là où il se trouve – même si (ou surtout si) c'est un endroit qu'il n'a pas d'abord choisi. L'homme qui n'aura pas eu le cran, comme l'a eu Ivan Illich, d'assumer sa mortalité, l'homme qui aura prêté son corps affaibli à un corps médical qui ne peut lui donner la guérison qu'il en espère, sera toutefois, s'il reste disponible à la vie alentours, un bienfait pour tout homme. Il sera, pour le compagnon de chambre, pour l'aide-soignante, pour le médecin, le sourire adressé, l'humour qui soulage, un bout de ciel tombé sur terre. Il serait fou de demander à tout homme de ne plus craindre la mort. Mais on peut espérer pour lui qu'il consentira assez à sa vie pour la semer où son aventure terrestre le mènera.

Consentir à notre vie, quelle qu'elle soit, pour faire de nos points de chute autant de points de départ : la chose n'est pas aisée. Croire que, là où l'on est, et quelque diminué qu'on soit, on n'y est pas pour rien : cela requiert un grand amour de la vie. Simone Weil n'a elle-même consenti à sa vie que quelques jours seulement avant de s'éteindre : avant cela, il lui semblait que toute vie humaine, du seul fait d'exister, faisait écran à Dieu. Non pas qu'elle ait jamais cherché à se donner la mort. À propos du difficile chemin de « décréation[43] » qu'elle s'est à elle-même imposé, elle

---

43. Par ce néologisme, elle désigne le geste par lequel une créature consent à ne plus être, afin que Dieu, qui consentit Lui-même, en créant le monde, à ne pas être tout, puisse exister à nouveau pleinement.

écrit : « L'homme n'a le droit de détruire que ce qui lui appartient ; c'est-à-dire non pas même son corps, mais exclusivement sa volonté[44]. » Il n'en reste pas moins que, selon Simone Weil, il doit détruire sa volonté. Pourquoi ? Pour devenir un serviteur parfait, c'est-à-dire refusant de tirer orgueil du service accompli :

> « Nous sommes des esclaves sans valeur.[45] » Il n'est rien au-dessus de cela pour une créature humaine. Pour du verre, il n'y a rien de plus que d'être absolument transparent. Il n'y a rien de plus pour un être humain que d'être néant. Toute valeur dans un être humain est réellement une valeur négative. C'est comme une tache dans du verre. Le verre qui est plein de taches peut bien croire qu'il est quelque chose, et qu'il est très supérieur au verre parfaitement transparent, au travers duquel la lumière passe comme s'il n'y avait rien[46].

Devenir transparent à la lumière divine : voilà, en peu de mots, ce que Simone Weil nomme « la décréation ». « Pour Dieu, écrit Simone Weil, le sacrifice, c'est laisser un homme croire qu'il est. Pour un homme, le sacrifice, c'est reconnaître qu'il n'est pas[47]. » De sorte que, dira-t-elle, « le salut est de consentir

44. Simone Weil, *Cahier 16*, *op. cit.*, p. 245.

45. Lc 17, 10.

46. Simone Weil, *Carnet de Londres (Cahier 18)*, *Œuvres complètes*, t. VI, vol. 4, p. 383.

47. *Cahier 16*, *ibid.*, p. 252.

à mourir[48] ». Simone Weil s'installe alors sur une ligne de crête étroite, risquant d'identifier ses propres difficultés à s'accepter elle-même (difficultés qui affleurent nettement dans le Prologue à *La Connaissance surnaturelle*[49]) avec son désir que Dieu soit, dans sa vie, tout en tout. Ainsi Simone Weil n'est-elle pas loin de penser que le péché originel fut d'avoir accepté d'être créé :

> Dieu nous a demandé : Voulez-vous être créés, et nous avons répondu oui. Il nous le demande encore à tout instant, et à tout instant nous répondons oui. Sauf quelques-uns dont l'âme est divisée en deux : pendant que presque toute l'âme dit oui, un point de l'âme s'épuise à crier en suppliant : non, non, non[50] !

Ce « point de l'âme » qui, en nous, préfère que Dieu soit plutôt que nous soyons, cette infime partie de nous-même qui ne crie pas sans cesse « moi, moi, moi, moi », c'est, pour Simone Weil, notre part proprement spirituelle, celle qui, par l'usage des petites morts, finira peut-être par envahir tout notre être. Alors seulement, nous ne ferons plus écran à Dieu.

Pourtant, dans son ultime cahier, s'opère comme un renversement. Commentant le *Notre Père*, dont elle recopie chaque verset, Simone Weil écrit :

---

48. *Ibid.*, p. 246.

49. « Je sais bien qu'il [Dieu] ne m'aime pas. Comment pourrait-il m'aimer ? Et pourtant au fond de moi quelque chose, un point de moi-même, ne peut pas s'empêcher de penser en tremblant de peur que peut-être, malgré tout, il m'aime », Prologue à *La Connaissance surnaturelle*, *in Œuvres*, *op. cit.*, p. 806-807.

50. *Cahier 16*, *op. cit.*, pp. 244-245.

> « Que ton règne arrive. »
> Que ta création disparaisse absolument, à commencer par moi, et tout ce avec quoi j'ai des liens, quels qu'ils soient.
> « Que ta volonté soit faite. »
> Ayant abandonné absolument toute espèce d'existence, j'accepte l'existence, quelle qu'elle soit, seulement par conformité avec la volonté de Dieu[51].

« J'accepte l'existence » : l'affirmation est rare sous la plume et dans la vie de Simone Weil. Le cheminement qui y mène a, il est vrai, sa logique : consentir à ma décréation, c'est m'effacer devant la volonté de Dieu – lequel, toutefois, a voulu que je sois. Ainsi, plus je m'efface pour que seule la volonté de Dieu persiste, plus je dois reconnaître que Dieu m'a pourtant bel et bien désiré, et que je suis moins la vitre dont on exige la totale transparence que le vitrail appelé à laisser passer la lumière, certes, mais en la teintant de mes couleurs propres. Dieu, s'Il espère bel et bien que je Lui ferai toujours une place dans ma vie, n'exige pas que je la Lui fasse aux dépens de l'être qu'il m'a donné. Il ne me veut pas absorbé en Lui, mais en relation avec Lui. Ainsi la décréation, telle que Simone Weil en dessine le sévère cheminement, mène-t-elle finalement au consentement à la vie.

51. *Carnet de Londres (Cahier 18)*, *op. cit.*, p. 390.

Décréation et autodestruction

« Ayant abandonné absolument toute espèce d'existence, j'accepte l'existence, quelle qu'elle soit, seulement par conformité avec la volonté de Dieu » : en se tenant sur cette crête étroite, entre le désir de n'être plus pour que Dieu soit, et l'acceptation de sa vie par amour pour Dieu (et, à travers cet amour, par amour pour son prochain), Simone Weil révèle ce qu'il pourrait y avoir d'apparemment « décréatif » dans l'autodestruction. Ce qui anime l'autodestruction (si présente à notre époque) serait au fond un désir très spirituel de ne plus faire écran, de céder sa place. Ce serait un amour qui s'ignore, un amour maladroit ou mal adressé : par l'alcool, la drogue et les conduites à risque, on cherche à être désapproprié de sa vie – sans doute pour la recevoir d'un Autre. On force la grâce : au lieu de donner humblement sa vie à Dieu, comme le fait le saint, on l'abandonne aux circonstances, comme le font les femmes et les hommes qui dérivent la nuit.

L'homme qui s'annihile dans la débauche est un mystique qui s'ignore. Kurt Cobain n'est jamais qu'un saint Jean de la Croix égaré. Etty Hillesum fait elle-même l'aveu de ce désir d'autodestruction[52]. Simone Weil, pour écrire que « l'homme n'a le droit de détruire que ce qui lui appartient ; c'est-à-dire non pas même son

52. « [...] dans mes moments les plus fructueux, les plus créateurs, je sens qu'en même temps des démons se lèvent en moi, que des forces destructrices et autodestructrices se mettent à l'affût » (*Une vie bouleversée*, *op. cit.*, pp. 112-113).

corps, mais exclusivement sa volonté[53] », a évidemment été tentée par l'autodestruction.

Or, pour boucler la boucle de ce livre et revenir à ce que nous disions en première partie, dans notre chemin de désappropriation, de « décréation », *il faut que quelqu'un meure qui ne soit toutefois pas fait pour la mort.* « Il faut la mort, dit Simone Weil, et non le suicide[54]. » Autrement dit, pour que ma mort soit une éternité reçue, elle ne doit pas être de mon initiative.

Je lisais récemment une bande dessinée à la fois touchante et dérangeante : *Trop n'est pas encore assez* d'une artiste allemande nommée Ulli Lust[55]. Celle-ci y livre une tranche de sa jeunesse : jeune fille autrichienne dans les années 1980, elle choisit à 17 ans de vivre à fond l'épopée punk, entre l'Autriche et l'Italie. Cette odyssée *destroy* est bien souvent sordide. La vie d'un punk est volontairement hasardeuse, souvent violente : c'est la bohème, mais dans la bière et le sang. À cela s'ajoutera, une fois passée la frontière italienne, le défi quotidien d'échapper à des hommes qui considèrent qu'une femme seule, à la rue, est à la merci de leur appétit sexuel.

Quelque chose rend cette histoire particulièrement intéressante : Ulli Lust a reçu dans son enfance une éducation chrétienne, et même catholique. Aussi prie-t-elle parfois, quand la menace d'une agression se fait soudain sentir. Elle fait même à deux reprises le rapprochement entre son choix de vie et celui de

53. *Cahier 16*, *op. cit.*, p. 245.

54. *op. cit.*, p. 363.

55. Ulli Lust, *Trop n'est pas assez*, Bussy-Saint-Georges, Édition Çà et là, 2010.

saint François d'Assise : pourquoi lui refuserait-on, se dit-elle, l'entrée de la basilique Saint-Pierre de Rome ? Car, certes, elle a le *look* d'une punk, avec épingles de nourrice fichées dans l'oreille, cheveux sales, maquillage dégoulinant. Mais l'Église n'a-t-elle pas canonisé un homme dont l'accoutrement faisait, lui aussi, fuir les bourgeois ? Le pape ne l'accueillit-il pas lui-même à Rome, pour lui baiser les pieds ? Saint François n'était-il pas, comme le sera saint Benoît-Joseph Labre, un sans domicile fixe ? Saint Thomas d'Aquin ne faisait-il pas lui aussi partie d'un ordre mendiant ? Moi-même qui viens d'une ville qu'arpentent beaucoup de « punks à chien », je me suis demandé s'ils ne formaient pas une sorte de « désordre mendiant ». Entre le loup de François, dressé par l'amour seul, et leur berger allemand malingre, y a-t-il un si grand écart ? Là où les franciscains revendiquaient contre la papauté le droit de n'avoir aucun droit, les punks mettent un point d'honneur à vivre, comme ils disent, « en dehors du système ». La bure du XIIIe siècle n'était guère reluisante : chez le punk, tout, des clous sur le blouson de cuir à la crête hérissée sur la tête, à la fois me rejette et m'interpelle. Le punk qui me hèle pour une cigarette ou une pièce, et exige par-dessus le marché que je lui réponde avec respect quand lui ne se respecte plus est, comme saint François et Rufin arrivant à Sainte-Marie-aux-Anges[56], une provocation lancée à ma charité.

56. « Quand nous arriverons à Sainte-Marie-des-Anges, ainsi trempés par la pluie et glacés par le froid, souillés de boue et tourmentés par la faim, et que nous frapperons à la porte du couvent, et que le portier viendra en colère et dira : «Qui êtes-vous ?» et que nous lui répondons : «Nous sommes deux de vos frères», et qu'il dira : «Vous ne dites pas vrai, vous n'êtes que deux vauriens qui allez trompant le monde et volant l'aumône des pauvres ; allez-vous en» ;

Mais alors : saint François, Sid Vicious[57], même combat ? Si l'on peut rapprocher, comme Ulli Lust le fait en passant, le mouvement punk de l'ordre mendiant franciscain, on doit aussi reconnaître ce qui les distingue. Ici le « *No Future* », là l'espérance. Dans les deux cas le refus d'*utiliser* le temps, le refus du projet. Mais le franciscain reçoit de Dieu l'emploi de ce temps dont il s'est dépossédé, quand le punk le reçoit du sort et des coups durs de la vie urbaine. L'un s'abandonne à Dieu, l'autre s'abandonne tout court. Ici l'autodestruction, là la décréation, c'est-à-dire la destruction de cela seul qui nous sépare de Dieu. Ici la haine de la société, là l'amour de tout homme, bourgeois ou prolétaire. Ici l'ivresse qu'on se donne par la bière et les drogues, là la prière et l'extase mystique.

Qu'est-ce donc qui explique une si grande différence à l'intérieur de conditions de vie si proches ? Je crois que ce qui fait du punk et de saint François deux façons distinctes d'habiter les marges, c'est le choix, ou le refus, d'offrir sa vie. Le franciscain n'est pas un punk car il est en relation à un Autre : sa pauvreté n'est jamais l'occasion que d'une vie moins appropriée, plus offerte. Comme le dit saint Paul des chrétiens : désormais, « si nous vivons, nous vivons pour le Seigneur ; et si nous

---

et quand il ne nous ouvrira pas et qu'il nous fera rester dehors dans la neige et la pluie, avec le froid et la faim, jusqu'à la nuit, alors si nous supportons avec patience, sans trouble et sans murmurer contre lui, tant d'injures et tant de cruauté et tant de rebuffades, et si nous pensons avec humilité et charité que ce portier nous connaît véritablement, et que Dieu le fait parler contre nous, ô frère Léon, écris que là est la joie parfaite », *Les Fioretti de saint François*, chapitre VIII.

57. Bassiste légendaire des Sex Pistols, dont la vie ne fut qu'atteinte à soi-même.

mourons, nous mourons pour le Seigneur. Soit donc que nous vivions, soit que nous mourions, nous sommes au Seigneur[58]. »

Le problème du punk, c'est que, n'offrant pas sa vie, il ne peut pas, ultimement, mourir à sa mort. Aussi veut-il posséder sa mort. Quand on n'offre pas sa vie et que, pourtant, on est forcé de constater qu'elle nous échappe radicalement, il est au moins une chose sur laquelle on est sûr d'avoir prise : sa destruction méticuleuse. Telle est la logique de l'autodestruction.

Conscience de l'Éternel

Le punk est contre le saint, tout contre lui. Il ignore seulement que son désir d'autodestruction est un amour fou qui ne sait pas se dire. Or il est d'autres rebelles plus absolus, qui iront frontalement à leur mort, par une « décréation » qui, pour être violente aux yeux du monde, n'a pourtant rien d'une autodestruction. Je pense à ces hommes dont Jacques Sommet, dans *La Condition inhumaine*, nous rapporte le martyr. Jeune jésuite rescapé de Dachau, Jacques Sommet a, sur la demande de son supérieur, écrit son expérience du camp. Sans pathos, dans une analyse serrée sans être crue ni complaisante, il distingue trois types d'hommes qui, au cœur de l'inhumain, ont gardé la tête haute.

Il y avait d'abord les gens cultivés. Ceux qui, comme on dirait, ont un « for intérieur » : un lieu d'eux-mêmes

---

58. Ro 14, 18.

qu'a creusé la culture, grâce auquel ils peuvent pour une part s'extraire de la condition où le sort les a mis. C'est avec cet argument que ma mère, quand j'étais petit, m'incitait à apprendre ma poésie : dans les camps de concentration, me disait-elle, ceux qui, le soir, pouvaient se réciter les uns aux autres des poèmes ont mieux survécu. Ils se retrouvaient entre eux pour faire revivre le monde effondré de la culture. Ils recréaient la civilisation au milieu de la barbarie. Telle était leur loyauté.

Mais Jacques Sommet note à leur propos :

> Par loyauté encore, ils ferment les yeux sur la misère [...] gardant aux lèvres ce sourire qui est le signe de leur jugement ; sorte de stoïcisme désenchanté et un peu frêle, qui témoigne de liberté, mais d'une liberté à peine commençante ; car enfin, qu'est-ce qu'une liberté qui se dispense de tout geste concret de communion avec les hommes[59] ?

Les hommes cultivés avaient en effet besoin, pour survivre, de créer autour d'eux cette atmosphère supérieure qui tolérait mal l'inclusion des plus démunis. Or contrairement aux hommes cultivés, les communistes, eux, n'excluaient personne de leur lutte pour la survie. Car celle-ci était, selon le récit marxiste, la lutte historique de tous les miséreux contre les castes dominantes. Ces communistes, note Jacques Sommet, alliaient à l'intérieur du camp de Dachau solidarité et

59. Jacques Sommet, *La Condition inhumaine, Le camp de Dachau*, Namur, Lessius, col. « Christus », 2016, p. 90.

sens de l'organisation, dans une efficacité à toute épreuve.

Cette efficacité tranchait sans doute avec le côté sectaire des gens cultivés. Mais elle avait aussi sa limite : quand, à la libération du camp, il fut déterminé qu'une partie signifiante des prisonniers devaient être mis en quarantaine, parce que le typhus dont ils étaient atteints présentait un risque élevé de contamination, la conscience marxiste n'y trouva même pas de quoi en faire un dilemme. Ainsi raisonnait-elle : il fallait continuer d'œuvrer à la libération des peuples opprimés. Ces hommes contaminés ne l'intéressaient pas. Par souci d'efficacité, on les laissa là.

Or il y avait à Dachau près de deux mille cinq cents prêtres (dont un peu moins de la moitié mourut). Comme Jacques Sommet, ils avaient eu part à la résistance contre le nazisme. Les plus valides se réunirent pour soulever ensemble le problème de ces blocks où résidaient les hommes mis en quarantaine. Il fut décidé que dix-huit prêtres[60] resteraient auprès des mourants, pour leur apporter une présence, quelques soins, les derniers sacrements. Une présence sans doute inutile. Quelques soins inutiles. Des sacrements invisibles, inutiles aux yeux du monde. Et tout cela, pour finir par mourir avec ceux qui, de toute façon, seraient morts du typhus.

Folie. Pourtant, notre monde meurt de la folie inverse, celle qui consiste à viser seulement, encore et toujours, l'utile et l'efficace. Il meurt de cette folie calcu-

---

60. Comme le note Yves Roullière dans la présentation des écrits du Père Sommet, il s'agissait de douze Polonais, deux Français, deux Tchèques, un Autrichien et un Belge. La plupart en moururent. *Ibid.*, p. 28.

lante qui réduit toute chose à l'intérêt qu'on en peut tirer. Simone Weil, pratiquement au même moment, s'appliquait à nommer ce qui inspira à ces prêtres de ne pas abandonner des centaines de vies inutiles, « la folie d'amour » :

> La folie d'amour fait de la compassion un mobile bien plus puissant que la grandeur, la gloire et même l'honneur [...]. Elle contraint à abandonner toute chose pour la compassion, et, comme dit saint Paul du Christ, à se vider. [...] La folie d'amour incline à discerner et à chérir également, dans tous les milieux humains sans exception, en tous lieux du globe, les fragiles possibilités terrestres de beauté, de bonheur et de plénitude ; à souhaiter les préserver toutes avec un soin également religieux ; là où elles manquent, à souhaiter réchauffer tendrement les moindres traces de celles qui ont existé, les moindres germes de celles qui peuvent naître. [...] C'est vraiment une folie. Elle précipite dans des risques qu'on ne peut pas courir si on a accordé son cœur à quoi que ce soit en ce monde, fût-ce une grande cause, ou une Église, ou une patrie. [...]
>
> Mais nous n'avons pas à craindre ses périls. Elle n'habite pas en nous. Si elle y habitait, cela se sentirait. Nous sommes des gens raisonnables, comme il semble certain qu'il convient de l'être à ceux qui s'occupent des grandes affaires de ce monde.
>
> Mais si l'ordre de l'univers est un ordre sage, il doit y avoir quelquefois des moments où, du point de vue de la raison terrestre, la folie d'amour seule est raisonnable.

> Ces moments ne peuvent être que ceux où, comme aujourd'hui, l'humanité est devenue folle à force de manquer d'amour[61].

Pour Jacques Sommet, ces dix-huit prêtres nous apprennent que la plus belle des ambitions humaines l'est à cette condition qu'elle sache s'abdiquer, même un court instant, pour venir au secours de l'homme tombé en cours de route. Sinon, elle n'est plus humaine, mais seulement idéale. Elle finira alors par écraser le présent sous l'espoir, et la personne sous l'objectif à atteindre. Elle fera mentir sa promesse au moment même où elle croira la tenir : comme l'ont fait ces marxistes que n'intéressait pas le sort d'hommes mourants – ces hommes qui pourtant étaient le symbole, par leur misère, des ravages de l'oppression qu'on s'était proposé de combattre. « Si, en ce demain qui monte un inconnu tombe malade ou blessé au milieu du chantier, alors il faudra pouvoir tout lâcher, et les plans et les prévisions », écrit Jacques Sommet. Or cela ne se peut pas sans ce que le père jésuite appelle « une conscience de l'Éternel ». Cela ne se peut pas sans vivre dès ici-bas dans l'éternité :

> Et voilà qui donne à l'expérience limite de Dachau sa valeur universelle. Car c'est partout qu'il faut être prêt à vaincre une mort inutile au monde, ou ce qui en nous tient à ce monde. [...] Mais d'où viendra la force de ces seuls ouvriers possibles de l'avenir ? De cela et cela

61. Simone Weil, « Luttons-nous pour la justice ? », in *Écrits de Londres et dernières lettres*, *op. cit.*, pp. 56-57.

> seulement qu'ils savent, au fond de chaque événement, reconnaître l'attente d'un Éternel présent qui donne sa réalité définitive et son sens absolu à l'instant dans lequel ils s'engagent. La voilà bien, la seule conscience victorieuse : une conscience de l'Éternel, d'un Éternel qui fait une totale réussite de cette humble seconde où le moindre d'entre nous, tendu dans tout son effort, tâche de sauver son frère le plus perdu[62].

On peut mourir ainsi, quand, de s'être dépris de sa vie, on sait que l'Éternel est partout, même (et surtout ?) auprès de ces hommes condamnés par la maladie à qui l'annonce de la Libération donnait une joie amère. L'Éternel est partout, et surtout en ce geste dépossédé des fruits de son action, libre de toute efficacité, qui consent à tenir la main d'un mourant.

Politique de la résurrection

Ces figures de prêtres dessinent les contours de l'action politique véritable. Le don de leur vie indique ce que peut être l'engagement politique. Cela peut paraître étonnant, tant le sacrifice de ces prêtres a quelque chose de mystique, quelque chose qu'on ne peut comprendre sans cette « conscience de l'Éternel » dont parlait Jacques Sommet. Ils œuvraient pour le ciel, croit-on, non pour cette terre. En réalité, on ne peut apporter à cette terre ce qui la rendra plus juste et plus habitable que si l'on

62. Jacques Sommet, *op. cit.*, pp. 97-98.

regarde au-delà d'elle. Non pas surtout seulement vers « l'idéal », car c'est en son nom qu'on fait couler tant de sang. Mais à travers cette « conscience de l'Éternel » qui rend notre action tout à la fois *urgente*, voire vitale, et *libre des critères stricts de l'efficacité*. Urgente, car la Cité céleste sera faite de tout ce que la Cité terrestre aura porté en elle de beau et de bon ; mais libre des critères stricts de l'efficacité puisque, ouverts sur l'éternité, nous savons qu'il ne nous revient pas la tâche folle et inquiétante de faire de ce monde un paradis. Comme le dit encore Jacques Sommet, « jamais le résultat définitif ne surgira au bout de l'heure, au débouché de notre action ». Comme l'écrivait René Char : « Ne t'attarde pas à l'ornière des résultats. » Et ce, sans jamais mépriser les combats des hommes pour plus de justice.

Jésus avait eu une formule pour cette juste distance, entre le détachement et l'engagement. Il demandait à ses disciples d'être dans le monde, sans être du monde[63]. Car ils n'étaient plus du monde : ils avaient été soustraits de leur vie pour se laisser dire la Bonne Nouvelle. Mais c'était pour être mieux envoyés dans le monde. Paradoxalement, seul celui qui n'est pas de ce monde peut y être envoyé pour le servir. « Pour le servir » : car, sachant la mesure de Dieu plus grande que celle de l'Histoire, il s'inquiétera de la souffrance des hommes, mais non point de réussir à tout prix ce qu'il entreprendra pour les en soulager. La folie meurtrière des totalitarismes vient au contraire de ce que leur athéisme leur donne l'urgence sans la paix, l'ardeur sans le recul. Il faut à tout

63. Jn 17, 14-18.

prix réussir, dès demain et ici-bas. Et ce prix, chacun le paie cher.

Il en va de l'engagement comme du jeu : on ne peut pleinement jouer à un jeu que si l'on sait que c'est un jeu. Si vous vous y prenez, si vous confondez le jeu et le réel, vous finissez mauvais joueur. Et en même temps, il faut jouer le jeu : c'est un jeu, oui, mais ce n'est pas qu'un jeu. Le cynique, le gnostique, le dandy qui regardent les hommes se prendre à des causes politiques, certes justes, mais sans doute vaines, ne sont pas de meilleurs joueurs. De même, nous devons prendre ce monde au sérieux, nous devons lutter pour la justice ; mais être en même temps certains que quelque chose de nous est quitte de ce monde, que quelque chose en nous est déjà sauvé. Ainsi notre engagement, pour être franc, ne sera pas contraint de réussir à tout prix. Si le monde ne veut pas de la paix qu'on lui veut, que celle-ci rejaillisse sur nous[64] !

Car tout ce qui ne prend pas sur terre brille déjà au ciel. On y danse là-haut nos chutes d'ici-bas.

---

64. Lc, 10, 5-6 : « Dans quelque maison que vous entriez, dites d'abord : Que la paix soit sur cette maison ! S'il se trouve là un enfant de paix, votre paix reposera sur lui ; sinon, elle vous reviendra. »

Conclusion

Une autre lecture de notre finitude

> « La foi n'est pas assentiment irrationnel
> à une proposition, elle est perception
> d'un ordre particulier de réalité[1]. »

Le paradis n'est pas loin, sitôt qu'on lit nos petites morts comme autant d'occasion de s'ouvrir à la vie et qu'on lie ainsi la mort ultime à l'éternité reçue. Le paradis, au-delà et dès ici-bas, repose ultimement sur une autre lecture de notre finitude.

Connaître ce royaume que le Christ dit être « tout proche », c'est en effet commencer une vie nouvelle en arrêtant de confondre le mal et la finitude : la finitude, par laquelle nous aurons un jour à céder une place qui, dès cette vie, nous tient en d'étroites limites (je ne peux

1. Nicolás Gomez Dávila, *Carnet d'un vaincu*, *op. cit.*, p. 84.

épouser toutes les femmes, vivre en tous les pays, etc.), cette finitude n'est pas un mal.

C'est au contraire un mal que de vouloir passer outre cette finitude : le mal, c'est de refuser « la chose impossible » et son usage, c'est de lire toute limite comme un scandale dont l'État, ou la science, ou la technique, et tout cela mêlé ensemble, devraient venir à bout.

Nous avons finalement le choix dans la lecture que nous faisons de l'expérience humaine qui est la nôtre. Ou bien, conçue selon le modèle inertiel, elle est la persévérance indéfinie de notre être propre, de sorte que nous voyions en tout autre ce que nous croyons être nous-mêmes : une force qui en limite une autre. Ou bien cette existence s'accomplit paradoxalement par le consentement à sa propre limitation, dans la joie d'aimer, qui est celle d'être un parmi les autres.

Dans la première perspective, il y a choc de forces en droit illimitées. Dans la seconde perspective, la limite n'est plus pensée comme extérieure à la force. Elle habite la force. Le modèle qui parcourt toute la pensée moderne, de Galilée à Nietzsche, en passant par Hobbes, Spinoza ou Schopenhauer, le modèle censé rendre le fonctionnement du désir individuel par la métaphore d'un mobile jeté inertiellement dans le monde et tentant, en vue de persévérer toujours dans son mouvement, ou bien de dominer, ou bien de composer avec d'autres forces aveugles, ce modèle ne dit pas tout : « Dans la mer, une vague monte, monte et monte ; mais un point, où il n'y a pourtant que du vide, l'arrête et la fait redescendre[2]. » Pour Simone Weil, si la vague s'arrête, ce n'est point d'être vaincue par une autre force, plus forte[3]. La vague s'arrête comme l'arbre cesse un jour de pousser pour donner son fruit : en vertu du principe selon lequel toute force obéit à une limitation interne. « La pensée qui a véritablement enivré les Anciens, écrit-elle, c'est que ce qui fait obéir la force aveugle de la matière n'est pas une autre force, plus forte. C'est l'amour[4]. » Autrement dit, « Toute force visible et palpable est sujette à une limite invisible qu'elle ne franchira jamais[5] » : tout ici-bas est limité en vertu non seulement des lois de la force, mais de cette autre loi qui exerce, à même la force, ce que Simone Weil appelle, avec Platon : « une sage persuasion[6] ». Selon elle, la tradition, des Rig-Vedà à Lao-Tseu, d'Anaximandre au Premier Testament, consonne à célébrer la limite en la force comme la présence, par essence discrète, de Dieu ici-bas. La tradition n'a pour Simone Weil d'unité que celle-là : dire et célébrer, de mille façons, l'autre de la modernité, l'autre du modèle inertiel, l'autre de la pensée dont Hitler aura finalement tiré toutes les conséquences.

Car dans *L'Enracinement*, Simone Weil cite ces mots de *Mein Kampf* : « Dans un monde [...] où la force

2. Simone Weil, *L'Enracinement*, Paris, Gallimard, « Folio essais », 2003, p. 361.

3. Et ce, bien que l'exemple de Simone Weil, en raison de la résistance de l'air, soit scientifiquement discutable.

4. *Ibid.*, p. 362.

5. *Ibid.*, p. 361.

6. *Ibid.*, p. 362.

règne partout et seule en maîtresse de la faiblesse, qu'elle contraint à la servir docilement ou qu'elle brise, l'homme ne peut pas relever de lois spéciales[7]. » Tout le contraire se dit par le signe que Dieu donne à Noé du rétablissement de son alliance : « Le beau demi-cercle de l'arc-en-ciel est le témoignage que les phénomènes d'ici-bas, si terrifiants soient-ils, sont tous soumis à une limite. » À quoi elle ajoute : « La splendide poésie de ce texte veut qu'il fasse souvenir Dieu d'exercer sa fonction de principe qui limite[8]. »

Si nous avons à mourir, ce n'est pas par le scandale de l'existence de forces adverses. La Modernité, en faisant de la limite ce qui toujours vient de l'extérieur, avait rendu impossible tout authentique consentement à la mort : faute de pouvoir anéantir la somme des autres forces, ou de la surpasser indéfiniment, l'individu peut au mieux se résigner. La tout autre perspective qu'ouvre Simone Weil, celle qui nous donne de penser la mort comme la présence en chacun du Dieu qui limite, rend possible de lire la mort comme le fait le poète : elle est le plus beau fruit que nous portons. Comme Dieu créant le monde en s'abdiquant pour laisser être autre chose que soi[9], par notre mort, nous aussi cédons place à autrui. Car qui ne pourrait mourir, qui ne ferait que croître finirait par être tout, par nier l'existence de chacun. Abriter en soi la limite qui nous voue à la mort, c'est

---

7. *Ibid.*, p. 302.

8. *Ibid.*, p. 362.

9. « La Création, pour Dieu, n'a pas consisté à s'étendre, mais à se retirer. Il a cessé de "commander partout où il en avait le pouvoir". [...] Ce mouvement est l'amour » (Simone Weil, *Cahier 12*, *Œuvres complètes*, t. VI, vol. 3, p. 396).

avoir une destination toute neuve : non plus persévérer, à tout prix, dans son être, mais, puisque le terme de l'existence est de lui céder la place, apprendre à reconnaître en l'existence d'autrui un bien. Par notre mort, nous portons le néant qui donne à l'autre d'exister. Nous portons le silence qui lui donne la parole – silence qui prend, de notre vivant, la forme de l'écoute ou, pour parler comme Simone Weil, de l'attention.

La mort n'est donc plus étrangère à celui qui abandonne, pour se lire, le modèle du mouvement inertiel. Inscrite en l'univers, la mort est la trace en creux du Créateur. Elle dessine notre forme propre, ce en quoi nous fûmes comme moulés. Par là, elle nous restitue comme *forme*, nous autres Modernes qui avons trop bien appris à nous lire comme *force*. En tant que, par elle, nous nous renoncerons, la mort nous destine à l'amour, involontairement, pour qui s'y refuse, mais joyeusement, quoique douloureusement sans doute, si nous y consentons[10]. La mort est en cela la clef qui

10. Est-ce la mort qui a été mise par Dieu ici-bas afin que nous nous rappelions que nous ne sommes pas Lui et que, donc, nous vivons de sa grâce ? La mort, comme moment d'impossibilité radicale, aurait été posée là, dès le commencement, comme racine carrée de deux, ou la différence des sexes, comme tout ce qui limite. Ou bien Dieu, étant le Dieu de la vie, a-t-il fait de la mort, à laquelle Il ne prend pas plaisir, à laquelle Il ne consent pas, mais qu'Il a vaincue sur la Croix, le lieu paradoxal d'un chemin vers Lui, comme l'est par exemple notre péché ? Autrement dit, la mort a-t-elle été voulue par Dieu afin que, par elle, nous puissions faire le choix radical d'aimer ? Ou bien a-t-elle été, par une ruse divine, mise au service d'une vie plus grande ? C'est peut-être les deux. D'une part, ce passage par le total dessaisissement de soi est nécessaire : la confiance qu'on fait en s'abandonnant parfaitement est désirable car elle nous destine à l'amour salvateur. Dieu veut qu'on le choisisse librement et cela est violent comme l'est la mort : il est violent de demander « Suis-moi » (à Pierre ou au jeune homme riche) sans offrir plus de garantie qu'une main tendue. Mais d'autre part le péché a ajouté quelque chose de vertigineux dans le drame de cette confiance à faire, à laquelle on consentirait sinon plus facilement.

donne accès à ce qu'il nous est permis d'espérer ici-bas. Non pas une vie longue, dans le bonheur inquiet d'occuper tout l'espace qu'on peut. Mais la joie pleine, et cependant douloureuse, d'être un parmi tant d'autres.

Remerciements

Merci à vous, lectrice ou lecteur, de m'avoir lu jusqu'ici, en me pardonnant mes raccourcis et mes longueurs, mes omissions et mes redites.

Merci à Anne Steffens et Marie Girard de l'avoir fait avant vous, et à Benoît Chantre pour ses conseils judicieux et ses encouragements.

Merci enfin à Cécile, Joseph, Éléonore et Claire, dont la patience n'avait rien de l'ataraxie.

Table